Susanne Brandt-Köhn

# Die Weihnachtsbühne

Kinder spielen neue Geschichten
zur Winter- und Weihnachtszeit

Don Bosco

Alle 15 Lieder dieses Buches
gibt es auf der CD:
**Die Weihnachtsbühne
Neue Lieder zur
Winter- und Weihnachtszeit,**
ISBN 3-7698-1161-5

Die Deutsche Bibliothek – CIP-Einheitsaufnahme

**Brandt-Köhn, Susanne:**
Die Weihnachtsbühne : Kinder spielen neue Geschichten
zur Winter- und Weihnachtszeit / Susanne Brandt-Köhn. –
1. Aufl. – München : Don Bosco, 1999
   ISBN 3-7698-1160-7

1. Aufl. 1999 / ISBN 3-7698-1160-7
© 1999 Don Bosco Verlag, München
Umschlag und Illustrationen: Margret Russer
Abb. S. 58: Hendrick Avercamp, Winterlandschap
met ijsvermaak © Rijksmuseum-Stichting Amsterdam
Zeichnungen: Susanne Brandt-Köhn
Notensatz: Notensatzstudio Nikolaus Veeser
Gesamtherstellung: Don Bosco Grafischer Betrieb, Ensdorf

Gedruckt auf umweltfreundlichem Papier

# Inhalt

Was sollen wir bloß dieses Jahr zu Weihnachten machen? .......... 9

**Das Häschen und die Möhre** ................................ 11
Über die Geschichte ........................................ 13
Bausteine zur Vertiefung ................................... 13
    Das Zwei-Möhren-Kochbuch ............................. 13
    Lied: Das Häschen und die Möhre ...................... 20
Auf die Bühne gebracht: Mit-Spiel-Lied ..................... 21

**Sturmwind und Sonne** ..................................... 22
Über die Geschichte ........................................ 23
Bausteine zur Vertiefung ................................... 23
    Klang- und Bewegungsimprovisation .................... 23
    Selbstbau von Klanginstrumenten ...................... 24
Auf die Bühne gebracht: Klang- und Bewegungsspiel .......... 24

**Hilfe für Benno Bär** ..................................... 26
Über die Geschichte ........................................ 30
Bausteine zur Vertiefung ................................... 30
    Adventskalender basteln .............................. 30
    Lied: Eine Tür geht auf .............................. 32
    Lied: Schlaflied ..................................... 33
Auf die Bühne gebracht: Kleines Theaterstück ............... 33

**Das Getreidewunder – eine Nikolauslegende** ............... 42
Über die Geschichte ........................................ 44
Bausteine zur Vertiefung ................................... 45
    Lied: Nikolaus-Lied .................................. 45
    Getreideschiffchen backen ............................ 46
    Brot für Hungernde ................................... 46
Auf die Bühne gebracht: Legendenspiel ...................... 48

**Die Prinzessin auf der Erbse** ............................ 49
Über die Geschichte ........................................ 50
Bausteine zur Vertiefung ................................... 50

    Kissen fühlen .................................................... 50
    Lied: Prinzessin auf der Erbse ............................... 51
    Spiele der Sinne ............................................... 51
Auf die Bühne gebracht: Menschenschattenspiel ............. 52

## Mit großen Schuhen auf dem Eis .......................... 54
Über die Geschichte .................................................. 57
Bausteine zur Vertiefung .............................................. 57
    Bildbetrachtung »Winterlandschaft« ....................... 57
    Erzähl- und Schreibwerkstatt ................................ 59
    Collage »Eisvergnügen« ...................................... 60
    Malen nach Musik ............................................. 61
Auf die Bühne gebracht: Winterszenen in Musik und Bewegung .... 61
    Lied: Musikalische Schlittenfahrt .......................... 62
    Lied: Largo ..................................................... 64
    Lied: Schon lange hat's gefroren ......................... 65

## Wichtels Weihnachtswunsch .............................. 67
Über die Geschichte .................................................. 72
Bausteine zur Vertiefung .............................................. 73
    Lied: Wichtel-Tanzlied ....................................... 73
    Wichtel als Tannenbaumschmuck ......................... 74
    Gestrickte Fingerpuppen .................................... 74
Auf die Bühne gebracht: Fingerpuppen-Tischtheater ........ 75

## Ein Spatz wundert sich ..................................... 77
Über die Geschichte .................................................. 79
Bausteine zur Vertiefung .............................................. 79
    Tischlaterne aus Prägefolie ................................. 79
    Vögel als Tannenbaumanhänger .......................... 80
    Lied: Langsam wird es dunkel ............................. 81
Auf die Bühne gebracht: Figurenschattenspiel mit der
»Erzähllaterne« ........................................................ 82

## Weihnachten mit Franziskus .............................. 85
Über die Geschichte .................................................. 87
Baustein zur Vertiefung ............................................... 87
    Tischkrippe aus Naturmaterialien ......................... 87
Auf die Bühne gebracht: Krippenspiel – einmal anders ..... 88

| | |
|---|---|
| Lied: Die Krippe entsteht | 89 |
| Lied: Auf dem Weg zur Krippe | 90 |
| Lied: Franziskus predigt | 91 |
| Lied: Freudengesang der Menschen | 92 |

**Der Schnee** .................................................... 93
Über die Geschichte ............................................ 94
Bausteine zur Vertiefung ....................................... 94
    Stempelspiel mit Farben .................................. 94
    Transparentgestaltung in Weiß ........................... 95
    Farben-Quartettspiel ...................................... 96
    Lied: Grün, grün, grün ... ................................. 97
Auf die Bühne gebracht: Farbenspiel mit Tüchern ........ 98

# Was sollen wir bloß dieses Jahr zu Weihnachten machen?

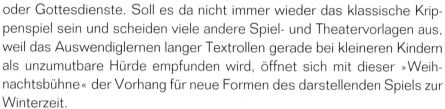

Wer kennt sie nicht, die Frage, die sich in Kindertagesstätten und Kindergruppen, in der Schule oder Gemeinde Jahr für Jahr wieder neu stellt: »Was machen wir diesmal zu Weihnachten?«
Gefragt sind da nicht nur Bastelideen, Backrezepte und Lieder, sondern ebenso »vorzeigbare« Gestaltungselemente für Weihnachtsfeiern, Elternnachmittage oder Gottesdienste. Soll es da nicht immer wieder das klassische Krippenspiel sein und scheiden viele andere Spiel- und Theatervorlagen aus, weil das Auswendiglernen langer Textrollen gerade bei kleineren Kindern als unzumutbare Hürde empfunden wird, öffnet sich mit dieser »Weihnachtsbühne« der Vorhang für neue Formen des darstellenden Spiels zur Winterzeit.

Aber nicht allein das perfekte Einstudieren einer Aufführung vor Publikum soll erstrangiges Ziel bei der Beschäftigung mit den hier vorgestellten Spielgeschichten sein. Im Vordergrund stehen vielmehr ganzheitliche Erfahrungen, die aus dem Inhalt einer jeden Geschichte erwachsen und im kreativen Tun vertieft werden können. So wollen die zu jeder Geschichte genannten Bausteine dazu einladen, sich zunächst in vielfältiger Weise und über einen längeren Zeitraum mit dem Inhalt vertraut zu machen, bevor es darum geht, diesen vielleicht im Rahmen einer kleinen Feier szenisch darzustellen.

Der natürlichen Spiellust und Fantasie wird auch bei der Aufführung selbst Rechnung getragen, indem meist eine Erzählerin oder ein Erzähler im Wortlaut der Geschichte durch die Handlung führt, während die Kinder dazu unterschiedliche Ausdrucksformen erproben können: Schattenspiel, Fingerpuppentheater oder Liederszenen, Klang- und Bewegungsimprovisationen, kleine Tischbühne oder Schauspiel mit selbstgestalteten Kulissen – für alle Raum- und Gruppengrößen ist ein passender Vorschlag dabei.

Vielfalt bestimmt auch die Palette der Themen: In den ausgewählten Geschichten geht es um Licht und um die Erfahrung des Wartens, um Gemeinschaft und Geborgenheit, um die winterliche Natur oder um religiöse Aspekte wie zum Beispiel in der Nikolauslegende vom Getreidewunder und in der ungewöhnlichen Krippenfeier „Weihnachten mit Franziskus".

Nicht zuletzt geht es in diesem Buch aber immer wieder darum, sich Zeit zu nehmen – Zeit für eine Geschichte, Zeit, um aus einer Geschichte etwas entstehen zu lassen. Denn bedeutsamer als das Produkt, das hinter der Frage »Was machen wir zu Weihnachten« steht, ist die Überlegung »Auf welche Weise gestalten wir unseren gemeinsamen Weg dorthin?«

*Susanne Brandt-Köhn*

# *Das Häschen und die Möhre*

Es schneite schon seit mehreren Tagen. Felder und Wiesen lagen unter einer dicken Schneedecke, und Häschen hatte nichts zu essen. Da machte es sich auf, um Futter zu suchen.
Nach einer Weile fand es zwei gelbe Möhren. Die eine aß Häschen sofort auf. Dann aber sagte es: »So viel Schnee und so eine Kälte! Gewiss hat auch das Eselchen nichts zu essen. Ich will ihm die zweite Möhre bringen.«
Rasch lief Häschen zu Eselchens Haus. Aber Eselchen war nicht da. So legte ihm Häschen die Möhre vor die Tür und hoppelte davon.
*(Lied, S. 20, 1. Strophe)*

Auch Eselchen war ausgegangen, um sich etwas Futter zu suchen. Mit zwei Kartoffeln kam es nach Hause. Als es die Tür öffnete, fand es die Möhre. Eselchen wunderte sich. Es stillte seinen Hunger mit den Kartoffeln und sagte sich dann:
»So viel Schnee und so eine Kälte! Gewiss hat auch das Lämmchen nichts zu essen. Ich will ihm die Möhre bringen.«
Eselchen trug die Möhre vor Lämmchens Haus. Aber auch Lämmchen war unterwegs. Da legte ihm Eselchen die Möhre vor die Tür und ging davon.
*(Lied, 2. Strophe)*

Lämmchen hatte sich in der Zwischenzeit auch etwas Futter gesucht: einen großen Kohlkopf. Als es nun vor der Tür auch noch die Möhre fand, wunderte es sich sehr. Erst stärkte es sich an seinem Kohlkopf, und dann sagte es:
»So viel Schnee und so eine Kälte! Gewiss hat auch das Rehlein nichts zu essen. Ich will ihm die Möhre bringen.«
Beim Haus des Rehleins angekommen, war auch dort niemand zu Hause. So legte Lämmchen dem Rehlein die Möhre hin und lief wieder fort.
*(Lied, 3. Strophe)*

Bald darauf kehrte das Rehlein heim. Es hatte sich draußen einige grüne Blätter gesucht. Nun wunderte es sich, dass da eine Möhre vor seiner Tür lag. Die grünen Blätter reichten, um satt zu werden. Deshalb sagte es: »So viel Schnee und so eine Kälte! Gewiss hat auch das Häschen nichts zu essen. Ich werde ihm die Möhre bringen.«

Häschen hielt gerade seinen Mittagsschlaf, als Rehlein an sein Haus kam. Um es nicht zu wecken, legte Rehlein die Möhre leise vor die Tür und schlich davon.
*(Lied, 4. Strophe)*

Als Häschen später das Geschenk vor seiner Tür fand, rieb es sich verwundert die Augen: Die Möhre war wieder da! Es überlegte einen Augenblick und sagte sich dann: »So viel Schnee und so eine Kälte! Gewiss hat mir ein guter Freund diese Möhre gebracht.«
Und – knack – biss es hinein! Die Möhre war wirklich sehr lecker!
*(Lied, 5. Strophe)*

*(nach einem chinesischen Märchen)*

## Über die Geschichte

Das kleine Kettenmärchen hat das »Schenken« zum Thema. Die Tiere vergessen nicht, dass auch andere in Not sind und geben ab, was sie entbehren können.

Die einfache, durch Wiederholungen geprägte Struktur der Geschichte ist sehr einprägsam und auch schon zum Nachspielen mit kleineren Kindern geeignet.

Was man mit zwei Möhren tatsächlich machen kann, lässt sich zur Vertiefung durch ein kleines Kochbüchlein zum Selbermachen und Verschenken darstellen. Das Thema »Schenken« kommt so nochmals in einem weiteren, ganz praktischen Sinne zum Ausdruck.

## Bausteine zur Vertiefung

## »Das Zwei-Möhren-Kochbuch«

Mit den folgenden Kopiervorlagen lässt sich ein kleines Kochbuch herstellen. Dazu werden die kopierten Bilder (Vorlagen Seite 15–19) in der angegebenen Weise auf einen DIN A3-Bogen geklebt, beidseitig kopiert, geschnitten und gefaltet (ein Bogen ergibt zwei Faltbücher).

Wer will, kann die Seiten anschließend noch bunt anmalen.

*So entsteht ein Faltbuch*

*Titelblatt — Rückseite zur freien Gestaltung — Lied*

*Seite 1 — Seite 2 — Seite 3*

① DIN A3

| Seite 1 (Rückseite: Titel) | Seite 2 (Rückseite: frei zu gestalten) | Seite 3 (Rückseite: Lied mit 1. Strophe) |
|---|---|---|
| wie oben | wie oben | wie oben |

Titelblatt des Faltbuches

Seite 1 des Faltbuches

Seite 2 des Faltbuches

Seite 3 des Faltbuches

Lied für die Rückseite des Faltbuches

# Das Häschen und die Möhre

1. Feld und Wiesen sind im Winter unter tiefem Schnee versteckt. Häschen muss sich Futter suchen. Schau, da hat es was entdeckt:

*Refrain*
Zwei schöne Möhren, eine für den eignen Bauch, bleibt die andre für den Esel, denn der hungert sicher auch.

# Das Häschen und die Möhre

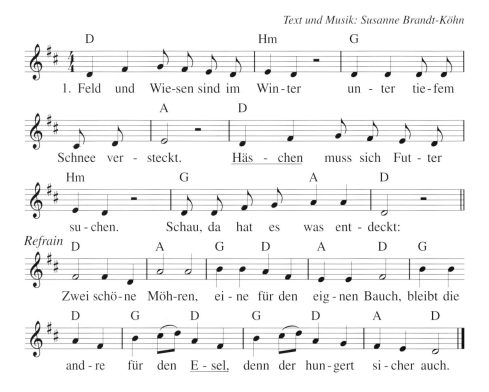

*Text und Musik: Susanne Brandt-Köhn*

1. Feld und Wiesen sind im Winter unter tiefem Schnee versteckt. Häschen muss sich Futter suchen. Schau, da hat es was entdeckt:

   *Refrain*
   Zwei schöne Möhren, eine für den eignen Bauch, bleibt die andre für den Esel, denn der hungert sicher auch.

2. Feld und Wiesen sind im Winter unter tiefem Schnee versteckt. Eselchen muss sich Futter suchen. Schau, da hat es was entdeckt:

   *Refrain*
   Große Kartoffeln, die sind für den eigenen Bauch, bleibt die Möhre für das Lämmchen, denn das hungert sicher auch.

3. Feld und Wiesen sind im Winter unter tiefem Schnee versteckt. Lämmchen muss sich Futter suchen. Schau, da hat es was entdeckt:

   *Refrain*
   Einen runden Kohlkopf, der ist für den eigenen Bauch, bleibt die Möhre für das Rehlein, denn das hungert sicher auch.

4. Feld und Wiesen sind im Winter unter tiefem Schnee versteckt. Häschen frisst die zweite Möhre: »Danke, das hat gut geschmeckt!«

# Auf die Bühne gebracht: Mit-Spiel-Lied

**Spielform:** Mit-Spiel-Lied

**Anzahl der Mitwirkenden:**
- ★ vier Kinder in Tierrollen (Hase, Esel, Lamm, Reh)
- ★ Chor mit beliebig vielen Kindern
- ★ Erzähler/-in

**Raum und Requisiten:**
- ★ Spielfläche, auf dem ein Kind ungehindert umherwandern kann
- ★ aus Decken und Tischen gebaute Tierhöhlen
- ★ Wintergemüse (zwei Möhren, zwei Kartoffeln, ein Kohlkopf, einige grüne Blätter)

**Kostüme:**
- ★ den Tieren entsprechend braune, graue oder weiße Kleidung
- ★ dazu evtl. Mützen mit passenden Ohren aus Pappe

Die Spielfläche besteht aus einem Feld, auf dem die aufgezählten Gemüsesorten verteilt sind und mehreren Höhlen, wo die Tiere ihr Zuhause haben.

Der Handlung folgend, wandert jeweils ein Tier futtersuchend über dieses Feld und legt, bevor es wieder von der Spielfläche verschwindet, sein Geschenk am Eingang der Tierbehausung ab, wo es niemanden antrifft. Denn auch dieses Tier ist bereits auf Wanderschaft und taucht als nächstes auf der Spielfläche auf …

Dabei können die in wörtlicher Rede gesetzten Passagen des Textes, je nach Alter oder Wunsch der Kinder, auch von den jeweiligen Spielerinnen und Spielern selbst gesprochen werden.

## *Sturmwind und Sonne*

Es war im November. Mal schien die Sonne, mal regnete es, mal blies ein kalter Wind. Ein Wanderer, der den Weg entlang kam, hatte sich dick vermummt gegen das wechselhafte Wetter.
»Der hat sich gut geschützt«, sagte der Wind, »aber er ahnt nichts von meiner wirklichen Stärke. Wenn ich kräftig puste, hält kein Knopf. Der ganze Mantel fliegt davon!«
»Wir können ja wetten«, meinte die Sonne. »Wer's von uns zweien zuerst schafft, dass der Wandersmann ohne Mantel geht, soll Sieger sein. Du darfst beginnen!«
Der Wind blähte sich auf wie ein Ballon, trieb dicke Wolken vor die Sonne, fauchte, heulte und stürmte. Er packte den Mantel an Falten und Kragen, doch der Mann zog ihn nur um so fester an seinen Körper. Äste wurden von den Bäumen gerissen, Blätter wirbelten auf und Boote kenterten in den tosenden Wellen – der Mantel aber blieb, wo er war.
Dann war die Sonne an der Reihe. Sie zerteilte die schwarzen Wolken, strahlte und wärmte mit ganzer Kraft. Bald wurde es dem Wanderer zu warm in seinem schweren Mantel. Erst öffnete er die Knöpfe, dann zog er ihn ganz aus.
So bewirkt Milde oft mehr als rohe Gewalt.

*(nach einer Fabel von La Fontaine)*

## Über die Geschichte

Das Kräftespiel zwischen Sturm und Sonne thematisiert die Wirkung von roher Gewalt auf der einen und sanfter Wärme auf der anderen Seite. Der Wind richtet mit seiner gewaltigen Kraft manchen unkontrollierbaren Schaden an, stößt aber dort, wo er eigentlich etwas bewirken will, auf um so stärkere Gegenwehr und bleibt hier erfolglos. Die Sonne dagegen geht in milder, aber eindringlicher und überzeugender Weise vor. Getrost statt ängstlich und unter gewaltsamem Zwang ist der Mann freiwillig bereit, seinen Schutzmantel abzulegen.

## Bausteine zur Vertiefung

# Klang- und Bewegungsimprovisation

Das Wirken der Naturkräfte lässt sich sehr gut in Klang- und Bewegungsimprovisationen umsetzen. Dabei werden zunächst mit verschiedenen Geräuschmaterialien und Instrumenten entsprechende Zuordnungen getroffen. Was klingt nach Licht, Wärme, Sonne? Was eher nach Sturm? Erstgenanntes kann beispielsweise gut durch helle Metallklänge dargestellt werden (Gong, Metallophon, Triangel, Glocken, Saiteninstrumente u.Ä.). Dem gegenüber stehen die lauten, harten und rauschenden Klänge von Trommeln, Rasseln, Holzschlaginstrumenten u.Ä.
Neben dem Material spielt auch die Spielweise eine Rolle:
★ Wie wird ein langes weiches Nachklingen ermöglicht?
★ Wie lässt sich Wildheit zum Ausdruck bringen?
★ Wie kommt es zu einer Steigerung von Intensität?

Nachdem zunächst jedes Kind für sich Gelegenheit hatte, solche Erfahrungen mit verschiedenen Instrumenten zu sammeln, bilden sich zwei Klanggruppen für Sonne bzw. Wind. Bei der Gruppenimprovisation kommt dem genauen Aufeinanderhören besondere Bedeutung zu:
★ Wie kommt im Zusammenspiel eine Steigerung bzw. Abnahme von Lautstärke zustande?
★ Wie harmonieren die Klänge untereinander?

★ Wie kann eine Verständigung ohne Worte erfolgen – durch einen »Dirigenten«, durch Blickkontakt?

Auch hier sollte dem Experimentieren viel Raum gegeben werden.
Als weiteres Gestaltungselement kann nun die Bewegung hinzutreten. Wie lässt sich durch Körperhaltung, Gestik, Mimik, Gangart etc. darstellen, ob ein Mensch gegen den Sturm kämpft oder die Wärme der Sonne spürt? Wie verändern sich diese Bewegungen, wenn der Sturm bzw. der Sonnenschein zunimmt oder abnimmt?
Mal kann es heißen: »Zeige, was Du hörst«, und die Instrumente geben das »Wetter« an, das die Bewegung beeinflussen soll. Mal kann es umgekehrt heißen: »Lass klingen, was Du siehst«, und an den Bewegungen ist abzulesen, ob die Instrumente »Sturm« oder »Sonne« spielen.

## Selbstbau von Klanginstrumenten

Ergänzend zum vorhandenen Instrumentarium können sich auch einfache Haushaltsgegenstände in die Klangwelt einmischen:
★ Eine leere Dose mit Reis oder Erbsen wird zur »Sturm-und-Regen-Rassel«.
★ Papprollen und sonstige Hohlkörper können verwendet werden, um dem »Windgeheuel« der Stimme mehr Resonanz zu geben.
★ Ein angefeuchteter Finger kann über den Rand eines zarten Glases streichen und es damit »sonnenhell« zum Klingen bringen.

Auch hier steht an erster Stelle das Experimentieren mit unterschiedlichen Materialien.

## Auf die Bühne gebracht: Klang- und Bewegungsspiel

**Spielform:** Klang- und Bewegungsspiel

**Anzahl der Mitwirkenden:**
★ ein Spaziergänger
★ beliebig viele »Geräuschemacher«

**Raum und Requisiten:**
★ Platz für Spiel und Bewegung je nach Zahl der »Geräuschemacher«
★ diverse Klanginstrumente für Sonne und Sturm (vgl. auch »Selbstbau von Klanginstrumenten)

**Kostüme:** ein dicker Wintermantel

Vorbereitet durch die soeben beschriebenen Klang- und Bewegungsimprovisationen kann die Geschichte in ihrem Verlauf nachgespielt werden: Die Instrumente spielen »wechselhaftes Novemberwetter« mit einem Gemisch aus Sonne, Regen und Wind. Ein Spaziergänger in dickem Mantel wagt sich nach draußen.
Dann beginnt das Kräftespiel: Erst probiert der Wind mit steigender Intensität, den Mantel zu entreißen, aber der Spaziergänger zieht ihn nur fester an seinen Körper. Dann versucht es die Sonne mit zunehmender Wärme, und der Spaziergänger öffnet Knopf für Knopf den Mantel, um ihn schließlich ganz auszuziehen.

## Hilfe für Benno Bär

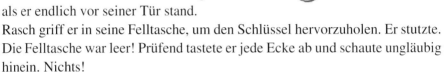

So stark hatte es lange nicht mehr geschneit. Benno Bär beeilte sich nach Hause zu kommen. Mit jedem Schritt sackte er tief in die knirschende Schneedecke ein. Das große Bündel Feuerholz lag schwer auf seinem Rücken.
An solchen Tagen gibt es doch nichts schöneres, als eine geheizte Hütte und einen großen Becher heiße Milch mit Honig, dachte er, als er endlich vor seiner Tür stand.
Rasch griff er in seine Felltasche, um den Schlüssel hervorzuholen. Er stutzte. Die Felltasche war leer! Prüfend tastete er jede Ecke ab und schaute ungläubig hinein. Nichts!
Benno Bär fing an zu zittern. Er spürte die Kälte – und die Angst. Sollte er den Schlüssel etwa verloren haben? Aber wo? Und wie sollte er ihn bei diesem Schnee jemals wiederfinden?
»Nanu«, hörte er da plötzlich ein feines Stimmchen neben sich. »Was stehst denn du hier bei Wind und Frost vor deiner Hütte?« Martha Maus war verwundert stehengeblieben und schaute ihn mit großen Augen an.
»Ach Martha«, Benno Bär seufzte. Er beugte sich zu seiner kleinen Freundin hinunter und nahm sie behutsam zwischen seine warmen Tatzen.
»Ich muss wohl meinen Schlüssel verloren haben. Jetzt weiß ich wirklich nicht, wie ich da hineinkommen soll.«
Martha Maus kratzte sich nachdenklich hinterm rechten Ohr. »Ich würde dich ja gern in meine Mausewohnung einladen, aber ich fürchte, du bleibst schon mit der Nasenspitze im Eingang stecken. Wenn ich jedoch …« Sie schien plötzlich eine Idee zu haben, hüpfte zurück in den Schnee, rannte auf die verschlossene Tür zu und setzt ihre kräftigen Schneidezähne energisch an das knorrige Holz. Nach einer Weile hielt sie erschöpft inne.
»Ich dachte, ich schaff das«. Ihre Stimme klang enttäuscht. »Ich dachte, ich könnte das Holz durchnagen und so vielleicht auch das Schloss öffnen.«

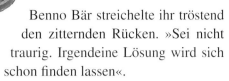

Benno Bär streichelte ihr tröstend den zitternden Rücken. »Sei nicht traurig. Irgendeine Lösung wird sich schon finden lassen«.

Martha Maus nickte müde. »So will ich doch wenigstens bei dir bleiben.«

Und da hatte sie sich auch schon wieder in sein weiches Fell gekuschelt und schlief ein.

Als ein dumpfes Krachen sie plötzlich hochschrecken ließ, wusste Martha Maus im ersten Moment gar nicht, wo sie war. Dann aber erinnerte sie sich wieder. Sie spürte das Fell des Bären, sah die Hütte – und sah Hubert Hirsch, der mit seinem Geweih fast wütend auf die Tür einschlug. »Keine Angst, kleine Maus«, hörte sie Benno Bär jetzt sagen. »Wir haben Besuch. Er ist wirklich sehr hilfsbereit«.

»Na ja«, zwischen den polternden Geräuschen meldete sich Hubert Hirsch etwas verlegen zu Wort, »ich dachte, ich könnte vielleicht mit Gewalt …« Wieder rammte er sein starkes Geweih mit Wucht in das Holz. Dann wurde es still. »Nichts zu machen.« Er ließ mutlos seinen kräftigen Kopf sinken.

»Abwarten, abwarten«, Benno Bär klopfte ihm anerkennend auf die Schulter. »Jetzt ruhst du dich erstmal ein bisschen aus und dann sehen wir weiter.«

»Ich sehe sogar schon jemanden ganz nah«, rief Martha Maus aufgeregt, die nun wieder ganz wach war und zwischen seinen Ohren einen warmen Platz gefunden hatte, von dem aus sie alles gut überblicken konnte. Sie war die erste, die Kalle Kaninchen entdeckte.

»Sei willkommen in unserer Runde!« Benno Bär streckte dem flinken Gast freundlich die Tatze entgegen. »Was'n hier los?«, wollte Kalle Kaninchen sofort wissen. Seine langen Ohren richteten sich gespannt auf und der Stummelschwanz wippte ungeduldig im Schnee. Alle redeten durcheinander, aber Kalle Kaninchen begriff schnell. »Stop«, rief er in das Stimmengewirr hinein. »Worauf wartet ihr noch? Wenn etwas verlorengegangen ist, muss man es suchen und zwar hopp-hopp.« Dann ließ er sich von Benno Bär den Weg beschreiben, den er beim Holzsammeln genommen hatte und rannte los.

Es verging fast eine Stunde, bis Kalle Kaninchen atemlos zurückkehrte. Er sah aus wie ein Schneeball, so dicht hatten sich die eisigen Klumpen in seinem Fell verfangen.

»Überall bin ich gewesen«, japste er nach einer kleinen Verschnaufpause, »aber nirgends auch nur die Spur eines Schlüssels!«

»Nun lass dich erstmal abtauen,« versuchte Benno Bär ihn zu beruhigen und drückte ihn zärtlich gegen seinen dicken warmen Bauch, dass die Schneeklumpen in großen Tropfen von ihm abfielen.

»Ich weiß gar nicht, wie ich euch danken soll«, seine kräftige Bärenstimme klang feierlich. »Jeder von euch hat sich so viel Mühe gegeben, um mir zu helfen. Lasst es nun gut sein. Wir haben alle etwas Ruhe nötig, und morgen ist auch noch ein Tag.«

»Ich bleibe hier«, verkündete Hubert Hirsch mit fester Stimme und rückte etwas näher an den Bären heran. »Ich sowieso«, hörte er es zwischen seinen Ohren wispern. Und das Schnarchen von Kalle Kaninchen auf seinem Bauch war auch eine Antwort.

Bald lagen sie alle ganz eng zusammengekuschelt vor der Hüttentür und schliefen. Benno Bär spürte Hubert Hirsch jetzt ganz warm an seiner Seite, Martha Maus war von ihrem Aussichtsposten heruntergeklettert, um es sich nun zwischen Kaninchenkopf und Bärenbauch gemütlich zu machen und dort war auch noch Platz für zwei schmale Hirschhufe.

*(Schlaflied, S. 33)*

Die Sonne stand schon wie ein roter Ball über dem Wald, als Benno Bär am nächsten Morgen erwachte. »Ich habe einen nassen Popo«, war seine erste Nachricht des Tages.

»Kein Wunder«, Kalle Kaninchen hatte die Situation mal wieder am schnellsten erfasst. »Nicht nur der Schnee aus meinem Fell ist über Nacht getaut. Der ganze Boden unter uns ist eine einzige große Wasserpfütze. Vier Tiere zusammen haben eben ganz schön viel Wärme.«

»Hey«, quiekte Martha Maus erschrocken, als Kalle Kaninchen jetzt neugierig und ohne Vorwarnung

seinen Kopf drehte, um sich die Sache genauer anzusehen. Aber da war es schon zu spät. Sie rutschte am Bauch des Bären herunter und geradewegs hinein in den kleinen See, der sich um sie herum gebildet hatte. Platsch!
»Aua!« Zappelnd suchte sie Halt an einem Bein von Hubert Hirsch und kletterte schimpfend ins Trockne. »Da war was«, jammerte sie und rieb sich den schmerzenden Rücken am seidigen Hirschfell. »Hart und kalt und spitz!«
Kalle Kaninchen machte einen noch längeren Hals. »Ich glaube … ich sehe …«, und – platsch – landete auch er an der gleichen Stelle im Wasser, zog etwas aus dem matschigen Boden hervor und hüpfte mit einem übermütigen Sprung auf den Bauch des Bären zurück – den Schlüssel zwischen den Pfoten!
»Wir … wir haben also die ganze Nacht auf dem gesuchten Schlüssel gelegen?« stotterte Hubert Hirsch verdutzt.
»Und jetzt hat sich das Problem ganz einfach gelöst? Im Schlaf sozusagen?« Benno Bär schüttelte ungläubig seinen Kopf.
»Da hab ich so verbissen probiert, die Tür aufzuknabbern …« seufzte Martha Maus.
»Und ich hab gedacht, mit gewaltiger Kraft …« ergänzte Hubert Hirsch.
»… oder mit einer schnellen Suchaktion …«, fiel Kalle Kaninchen ihm ins Wort.
»War vielleicht alles nicht verkehrt.« überlegte Benno Bär. »Ohne diese Anstrengungen wären wir bestimmt nicht so tief und gut zusammen eingeschlafen!«

»Genug gegrübelt«, rief Kalle Kaninchen in die Runde. »Ich habe den Schlüssel und wir alle haben jetzt einen warmen Ofen und etwas Gutes zum Beißen verdient!«
»… und eine heiße Milch mit Honig« jauchzte Benno Bär.
Auf die freute er sich am allermeisten.
*(Schlusslied »Eine Tür geht auf«, S. 32)*

*(Susanne Brandt-Köhn)*

## Über die Geschichte

Zu den vertrauten Symbolen der Vorweihnachtszeit zählt die Tür. Verschlossene Türen öffnen sich – aber nicht immer mit der Kraft von Gewalt und emsigen Bemühungen. Es ist die Kraft von Vertrauen, Hoffnung und Geduld, von wärmender Zuwendung trotz Angst und Kälte, die im Zentrum der adventlichen Botschaft steht. Und es ist die Bereitschaft, sich vom »Wunder« überraschen zu lassen, dass über alles »Machbare« hinausweist – so, wie es die Tiere in dieser Geschichte erfahren.

## Bausteine zur Vertiefung

## Adventskalender basteln

Türen, die sich in der Adventszeit öffnen, sind uns vor allem vom Adventskalender her bekannt. Es muss sich nicht immer nur Schokolade dahinter verbergen. Auch Bilder und gute Wünsche, die hinter einer Tür zum Vorschein kommen, sorgen jeden Tag für eine kleine liebe Überraschung.
So einen Kalender kann man leicht selber machen und zum 1. Dezember verschenken. Dazu wird die hier abgedruckte Vorlage zweimal mit dem Kopierer vergrößert, nach Möglichkeit auf stärkerem Papier im DIN A3-Format. Eine Kopie dient als Unterseite. Jede (gestrichelt markierte) Fensterfläche bietet Platz zur freien Gestaltung mit kleinen Bildern oder Texten. Auf dem zweiten Blatt werden die Türen mit einer spitzen Schere oder einem scharfen Messer an den gestrichelten Linien vorgeschnitten. In der Mitte der rechten Öffnungsseite bleibt dabei jeweils noch ein kleiner Papiersteg stehen, der dann am betreffenden Tag leicht mit den Fingernagelspitzen durchtrennt werden kann. Das so angeschnittene Türenblatt wird dann an den dafür vorgesehenen Rändern (schraffierte Seitenstreifen) passgenau auf das zuvor gestaltete Unterblatt geklebt. Die Türoberseiten werden mit den Zahlen 1 bis 24 beschriftet und nach Geschmack angemalt oder verziert.

## Vorlage für den Adventskalender

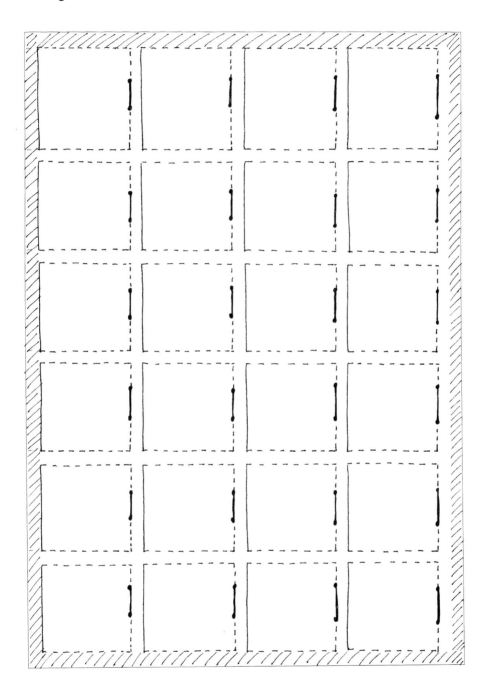

# Eine Tür geht auf

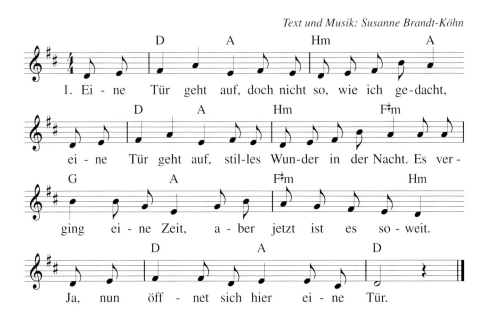

*Text und Musik: Susanne Brandt-Köhn*

1. Eine Tür geht auf, doch nicht so, wie ich gedacht, eine Tür geht auf, stilles Wunder in der Nacht. Es verging eine Zeit, aber jetzt ist es soweit. Ja, nun öffnet sich hier eine Tür.

2. Eine Tür geht auf,
   doch nicht nur für mich allein.
   Eine Tür geht auf,
   will für viele offen sein.
*Refrain* Es verging eine Zeit …

3. Eine Tür geht auf,
   alle Tage im Advent,
   eine Tür geht auf,
   schau hinein, die Kerze brennt.
*Refrain* Es verging eine Zeit …

Das Lied passt sinngemäß an das Ende der Geschichte vom verlorenen Schlüssel. Es kann aber auch unabhängig davon die Adventszeit begleiten und zur Vertiefung des Themas »Türen öffnen« beitragen.

# Schlaflied

*Text und Musik: Susanne Brandt-Köhn*

1. Der Abend will nun kommen, es schimmert schon im Wald. Im Haus wird es gemütlich, und draußen wird es kalt. Komm her, komm her und rück ein bisschen ran. Wie gut, dass ich jetzt bei dir sein kann.

2. Die Nacht ist nun gekommen, ganz dunkel ist der Wald.
   Im Haus ist es gemütlich, und draußen ist es kalt.

# Auf die Bühne gebracht: Kleines Theaterstück

**Spielform:** kleines Theaterstück

**Anzahl der Mitwirkenden:**
★ vier Spieler/-innen mit Tierrollen
★ evtl. kleines Geräuschorchester
★ evtl. Erzähler/-in

**Raum und Requisiten:**
★ als Wald gestalteter Bühnenraum (mit grünem Licht, gemalter Kulissenwand oder »Weihnachtsbäumen«)
★ angedeutete Hüttenwand mit Tür, die sich öffnen lässt
★ große weiße Tücher als Schneefläche

**Kostüme:** braune oder graue Kleidung der Tiere, ergänzt durch Mützen mit Hasenohren, Mauseohren oder Geweih aus Pappe.

Mit größeren Kindern, die bereits Sprechtexte lernen und übernehmen können, kann die nachfolgende Rollentextfassung als Vorlage dienen. Mit kleineren Kindern liest ein Sprecher die Erzähltext-Fassung, während sich die »Tiere« auf der Bühne ganz auf ihr Spiel konzentrieren können. Die Regieanweisungen gelten für beide Versionen.
Die musikalische Ausgestaltung durch das sog. Klangorchester lässt viel Improvisation zu und richtet sich nach den jeweils gegebenen Möglichkeiten (Alter der Kinder, verfügbares Instrumentarium, Vorerfahrungen im Umgang mit rhythmischen Mitteln etc.)
So kann sich der Einsatz auf freie Geräuschimprovisationen an den angegebenen Stellen beschränken oder mit älteren Kindern z.B. in einem rhythmischen Sprechchor das jeweils gereimte Motto der einzelnen Tiere, wie sie in der Rollentextfassung vorkommen (z.B. »Gegen Kraft und Gewalt hält kaum etwas stand. Ich geh – wenn es sein muss – mit dem Kopf durch die Wand«) aufgreifen und gestalten.
Auch das Einfügen von melodischen Elementen oder Liedern (z.B. als Musik zur Nacht) ist möglich.
Neben der hier beschriebenen Bühnenform, wäre ebenso die Darstellung als Menschenschattenspiel, als Handpuppenspiel (mit zwei bis vier Spieler/-innen) oder als Tischfigurenspiel denkbar.

# *Hilfe für Benno Bär (Rollentextfassung)*

## Ein Spiel für Kinder zum Advent

**Es wirken mit:**  Benno Bär
Martha Maus
Kalle Kaninchen
Hubert Hirsch
mehrere Sprecherinnen und Sprecher für Prolog und Epilog; ein kleines Klangorchester

**Bühnenbild:**
★ eine verschlossene Hüttentür (die sich am Ende öffnen lässt)
★ weiße Bettlaken (als Schnee) auf dem Boden ausgelegt

# Prolog

Ich kenne eine Tür, die mir vor der Nase zugeschlagen ist.
Ich kenne eine Tür, gegen die ich manchmal wütend treten möchte.
Ich kenne eine Tür, für die nur ganz bestimmte Personen den Schlüssel bekommen.
Ich kenne eine Tür, die ich nicht allein mit eigener Kraft öffnen kann.
Ich kenne eine Tür, vor der ich oft lange warten muss.
Ich kenne eine Tür, die durch eine Alarmanlage gesichert wird.
Ich kenne eine Tür, die plötzlich aufgeht – in ganz überraschender Weise.

# 1. Szene

*(Benno Bär kehrt aus dem Wald heim. Mit schweren Schritten stapft er durch den Schnee. Auf dem Rücken trägt er ein Bündel Feuerholz. Nur noch wenige Meter, dann hat er endlich seine Hüttentür erreicht. Voller Vorfreude auf die Wärme, die ihn dort erwartet, singt er vor sich hin …)*

**Benno Bär:** *(singend)*
Heiße Milch mit Honig, ach, wie schön – hier wohn ich! Heiße Milch mit Honig, ach, wie schön – hier wohn ich …
*(Nun vor der Tür angekommen, kramt er – noch immer singend – in einer kleinen Umhängetasche nach seinem Schlüssel; sucht und sucht und verstummt plötzlich erschrocken …)*
Das gibt's doch nicht … ich steck den Schlüssel doch immer hier in die Tasche … der kann doch nicht einfach weg sein …
*(schaut prüfend in jede Ecke der Tasche, krempelt sie einmal um, schüttelt fassungslos den Kopf, rüttelt verzweifelt an der Türklinke – der Schlüssel bleibt verschwunden und die Tür zu)*

**Martha Maus:** *(kommt tänzelnd des Weges und stutzt, als sie den Bären vor seiner Hütte entdeckt)*
Nanu? Was stehst denn du hier bei Wind und Frost vor deiner Hütte?

**Benno Bär:** *(seufzt)*
Ach, Martha. Ich muss wohl meinen Schlüssel verloren haben. Hier irgendwo mitten im Schnee! Wie soll ich jetzt bloß die Tür öffnen?

**Martha Maus:** Ich würde dich ja gern in meine Mausewohnung einladen, doch ich fürchte, da bleibst du schon mit deiner Nasenspitze im Eingang stecken.
*(Streichelt ihm tröstend das Fell und wendet sich dann neugierig und gründlich der verschlossenen Tür zu)*
Hmm … also … wenn du mich fragst …

>Ich kann dir sagen: Da hilft nur Nagen!
>Durch Schärfe und Verbissenheit
>wird alles brüchig mit der Zeit.

*(macht sich daraufhin energisch an der Tür zu schaffen; das Klangorchester erzeugt dazu nagende Geräusche; nach einer Weile hält sie erschöpft inne, schaut Benno Bär traurig an)*
Ich hab wirklich gedacht, ich schaff das! Aber das Schloss ist einfach nicht zu knacken.

**Benno Bär:** *(beruhigend)*
Sei nicht traurig. Irgendeine Lösung wird sich schon finden lassen.

**Martha Maus:** So will ich wenigstens bei dir bleiben, dass du mit deinem Problem nicht ganz alleine bist.
*(kuschelt sich an seinen warmen Bauch und schläft müde ein)*

## 2. Szene

*(Hubert Hirsch kommt aus dem Wald, bleibt fragend vor den beiden stehen, will etwas sagen, da legt Benno Bär den Finger vor den Mund und deutet auf die schlafende Maus)*

**Benno Bär:** *(flüsternd)*
Der Schlüssel! Ich habe den Schlüssel verloren und kann deshalb die Tür nicht öffnen.

**Hubert Hirsch:** *(rüttelt prüfend an der Tür, überlegt einen Moment und erwidert halblaut)*

Gegen Kraft und Gewalt
hält kaum etwas stand.
Ich geh – wenn es sein muss –
mit dem Kopf durch die Wand!

*(nimmt etwas Anlauf und rammt mit dem Geweih immer wieder gegen die Tür, Klangorchester begleitet das Geschehen mit krachenden Schlägen)*

**Martha Maus:** *(schreckt aus dem Schlaf hoch)*
Was'n nun los?
*(schaut erst zum Bären, dann zu Hubert Hirsch hinüber)*

**Benno Bär:** Hubert Hirsch ist so nett und will uns helfen … aber ich glaube, auch mit Kraft und Gewalt ist da nichts zu machen.

**Hubert Hirsch:** *(hat inzwischen aufgehört, auf die Tür einzuschlagen und lässt sich schnaufend neben den beiden im Schnee nieder)*
Tut mir wirklich leid. Ich hab gedacht, es geht.

**Benno Bär:** Kopf hoch! Jetzt ruhst du dich erstmal bei uns aus und dann sehen wir weiter.

**Martha Maus:** *(jetzt wach und aufgeregt in der Gegend umherschauend)*
Ich seh sogar schon jemanden ganz nah!
*(Kalle Kaninchen rast flink über die Bühne)*
Willkommen in unserer Runde, Kalle Kaninchen!

**Kalle Kaninchen:** *(bleibt überrascht stehen)*
Na so was! Ein kleines Picknick im Schnee, oder wie?

**Benno Bär:** Ich säße jetzt ja lieber mit einer heißen Milch drinnen am Ofen – aber ich habe meinen Schlüssel verloren und …

**Kalle Kaninchen:** *(jetzt ganz hellhörig)*
Schlüssel verloren? Und da sitzt ihr hier noch so trübsinnig herum? Wenn etwas verloren gegangen ist, muss man es suchen und zwar fix.

    Hier zählt nur Schnelligkeit und Kondition,
    hopp-hopp, zack-zack – das kriegen wir schon!

*(zu Benno Bär)*
Wenn du mir eben verrätst, wo du heute überall gewesen bist, bin ich gleich wieder da.

**Benno Bär:** Ach, Kalle! Der Weg war ziemlich weit – erst dort zum Waldrand, dann an der kleinen Schonung vorbei, ein Stück über den Acker, ein Stück die Eichenallee entlang und dann querfeldein zurück …

**Kalle Kaninchen:** *(bereits in Startposition)*
Schon unterwegs!
*(rennt los; Klangorchester begleitet seinen Weg mit schnellen Laufrhythmen; Kalle kehrt nach einer rasanten Suche atemlos zu den anderen zurück)*
Wie ein Schneepflug bin ich durch den Wald gerast! Aber nirgends auch nur die Spur eines Schlüssels!

**Benno Bär:** Ach, lass dich erstmal wärmen! Du siehst ja aus wie ein großer Schneeball! Richtig abtauen muss man dich, eh dein Fell wieder zum Vorschein kommt!
*(nimmt das Kaninchen liebevoll in seine Arme; spricht dann mit feierlicher Stimme in die Runde)*

Ich weiß gar nicht, wie ich euch allen danken soll! Jeder von euch hat sich so viel Mühe gegeben, um mir zu helfen! Für heute soll es nun gut sein damit. Wir haben alle etwas Ruhe nötig, und morgen ist auch noch ein Tag.

**Hubert Hirsch**: *(schon etwas schläfrig)*
Ich bleibe hier!

**Martha Maus:** *(gähnend)*
Ich sowieso!

*(Von dem inzwischen schlafenden Kalle Kaninchen hört man nur noch ein zufriedenes Schnarchen; alle kuscheln sich wie ein großes Knäuel ganz eng zusammen; das Klangorchester spielt verträumte Töne zur Nacht oder das Schlaflied, S. 33; Licht verdunkelt sich und wird nach einer Weile langsam wieder heller)*

## 3. Szene

**Benno Bär:** *(rührt sich am nächsten Morgen als erster)*
Iiih … Ich glaub, ich hab einen nassen Popo!

**Kalle Kaninchen:** *(schaut sich erstaunt um)*
Kein Wunder! Nicht nur der Schnee aus meinem Fell ist über Nacht getaut – der ganze Boden unter uns ist eine große Wasserpfütze! Vier Tiere so dicht zusammen haben eben ganz schön viel Wärme! (bewegt jetzt so heftig seinen Kopf in alle Richtungen, dass Martha Maus, die sich schlafend an ihn gelehnt hatte, ins Rutschen kommt und quiekend in das Tauwasser hineinplatscht)

**Martha Maus:** *(jammernd)*
Aua!
*(rappelt sich zappelnd wieder auf und reibt sich das Hinterteil)*
Da war was! Hart und kalt und spitz!

**Kalle Kaninchen:** *(macht jetzt einen noch längeren Hals und wühlt dann mit den Pfoten dort, wo die Maus gerade so unsanft gelandet war)*
Ich glaube … ich sehe … ja, ich fühle … den Schlüssel!

*(zieht ihn aus dem Matsch – d.h. unter dem Bettlaken auf der Bühne – hervor und hält ihn triumphierend in die Luft)*

**Hubert Hirsch:** Wir ... wir haben also die ganze Nacht auf dem gesuchten Schlüssel gelegen?

**Benno Bär:** Und jetzt hat sich das Problem ganz unerwartet gelöst? Im Schlaf sozusagen?

**Martha Maus:** Da hab ich so verbissen probiert, die Tür aufzuknabbern ...

**Hubert Hirsch:** ... und ich hab gedacht, mit Kraft und Gewalt ...

**Kalle Kaninchen:** ... oder mit einer schnellen Suchaktion ...

**Benno Bär:** War vielleicht alles nicht ganz verkehrt! Ohne diese Anstrengungen wären wir bestimmt nicht so tief und gut zusammen eingeschlafen ...

**Martha Maus:** ... und dann hätte wohl erst die Frühlingssonne mit ihrer Wärme den Schlüssel ans Licht gebracht!

**Kalle Kaninchen:** Genug gegrübelt! Ich habe den Schlüssel und wir alle haben jetzt einen warmen Ofen und etwas Gutes zum Beißen verdient!

**Benno Bär:** Und eine heiße Milch mit Honig!

*(Alle springen auf und verschwinden durch die Tür in die Hütte; Schlussmusik des Klangorchesters)*

## Epilog

Ich kenne eine Tür, aus der mir Wärme entgegenkommt.
Ich kenne eine Tür, durch die ich mit einem Kribbeln im Bauch hindurchgehe.
Ich kenne eine Tür, hinter der mich etwas Gutes erwartet.
Ich kenne eine Tür, mit der vielleicht eine neue Geschichte anfängt.
Ich kenne eine Tür, die mich nach Hause kommen lässt.
Ich kenne eine Tür, die breit genug ist für viele Gäste.
Ich kenne eine Tür, die mir die Sinne öffnet – für die überraschende Kraft von Gottes Liebe.

# *Das Getreidewunder – eine Nikolauslegende*

In der Zeit, als der heilige Nikolaus Bischof von Myra war, brach in der Provinz eine Hungersnot aus. Die Ernte hatte nur wenig Ertrag gebracht. Die Kornkammern waren so leer, dass selbst die Mäuse kaum was zu fressen fanden. Schwäche und Krankheiten breiteten sich unter den Menschen aus. Besonders die Kinder mussten sehr unter dem Hunger leiden.

*Kind 1: Ich habe Hunger.*
*Kind 2: Kein Brot mehr in der Kammer.*
*Kind 3: Früher haben wir den ganzen Tag gespielt.*
*Kind 4: Und jetzt fühlen wir uns selbst dafür zu schwach.*
*Kind 5: Mein kleinster Bruder ist schon am Hunger gestorben*

Da hörte der Bischof eines Tages von reich beladenen Getreideschiffen, die im Hafen vor Anker liegen sollten. Sogleich machte er sich auf, um die Seeleute um Hilfe zu bitten. Die aber mochten die kostbare Fracht nicht anrühren. Das Korn war in Alexandrien sorgfältig gewogen worden, und ganz genau diese Menge musste in den Scheunen des Kaisers abgeliefert werden. Nicht auszudenken, welche Strafe ihnen bevorstände, wenn am Ende etwas fehlen würde!

*Matrose 1: Wenn auch nur ein Gramm fehlt, dann lande ich im Gefängnis.*
*Matrose 2: Oder es kommt noch schlimmer …*
*Matrose 3: … und die Diener des Kaisers prüfen genau!*
*Matrose 4: Da kann niemand mogeln!*
*Matrose 5: Aber ich kann die Verzweiflung der Menschen auch verstehen.*
*Matrose 6: Ich habe ja selber Frau und Kinder zu Hause.*

Der Bischof aber ließ nicht locker, bis sie ihm schließlich doch zwei Säcke Weizen überließen. Er versprach ihnen bei Gott, dass der Verlust beim Kaiser unbemerkt bliebe und sie nichts zu befürchten hätten. Ohne recht an seine Worte zu glauben, setzten die Seeleute ihre Reise fort.
Als sie nach vielen Tagen ihr Ziel erreicht hatten, wurde ihre Ladung sogleich in Empfang genommen. Mit ängstlichen Blicken und zitternden Knien sahen die Matrosen zu, wie die Diener des Kaisers Sack für Sack wogen und die Er-

gebnisse in einer Liste eintrugen. Dann rechneten sie sorgfältig alles durch, steckten hin und wieder tuschelnd die Köpfe zusammen, verglichen mit kritischer Miene die Zahlen und ließen die Ergebnisse schließlich dem Kaiser mitteilen. Es dauerte lange, bis von dort die mit Spannung erwartete Nachricht zurückkam: »Alles in Ordnung. Kein Grund zur Beanstandung. Und ein Dank an die Besatzung für ihre gewissenhafte Arbeit!«
Den Seeleuten blieb vor Staunen fast der Mund offenstehen. Aber das durften sie sich jetzt natürlich nicht anmerken lassen. So eilten sie zurück zu ihrem Schiff und ließen sich noch etwas verwirrt, aber erleichtert auf die Bänke fallen.

*Matrose 1: Unglaublich!*
*Matrose 2: Kannst du dir das erklären?*
*Matrose 3: Vielleicht haben die Diener ein Auge zugedrückt?*
*Matrose 4: Viel zu gefährlich – der Kaiser ist streng!*
*Matrose 5: Oder der Kaiser selbst hat irgendwie gespürt, dass die Sache so in Ordnung ist.*
*Matrose 6: Das würde mich aber wundern!*
*Matrose 7: Ja, das wäre wirklich verwunderlich!*
*Matrose 8: Ein Wunder – das alles!*

Bischof Nikolaus verteilte die beiden Säcke Getreide an die Hungernden. Es reichte den Menschen zwei Jahre lang zum Leben, und für eine neue Aussaat war auch noch genügend da.

*Kind 1: Heute hat meine Mutter wieder frisches Brot gebacken!*
*Kind 2: Aus allen Häusern dringt dieser herrliche Geruch auf die Straße.*
*Kind 3: Und überall reden die Leute von Bischof Nikolaus.*
*Kind 4: Das ist ja auch kein Wunder!*
*Kind 5: Doch – ein Wunder ist das alles irgendwie schon.*
*Kind 6: Richtig glauben kann ich das jedenfalls immer noch nicht, dass die Not jetzt ein Ende hat.*
*Kind 7: So schnell vergessen werden wir die Geschichte bestimmt nicht.*
(Nikolauslied, S. 45)
(nach einer Legende des Jacobus a Voragine)

## Über die Geschichte

Brauchtum und Verehrung des Heiligen Nikolaus sind vor allem durch Legenden geprägt, die sich geschichtlich auf den um 350 gestorbenen Bischof von Myra beziehen lassen. Mehr als 150 solcher »Wundergeschichten« über ihn sind erhalten. In ihnen zeigt sich eine Wirklichkeit, die sich von den realen – auch kirchlichen – Machtverhältnisse der Zeit deutlich unterscheidet:

Nikolaus macht sich stark für die »Kleinen«, die Kinder, die von Unterdrückung und Unrecht betroffen sind. Er beweist Glaubwürdigkeit, indem er nicht an eigenen Besitz- und Sicherheitsansprüchen festhält, sondern ganz praktisch und konsequent loslässt, eingreift und widerspricht, wo es »not-wendig« ist. Attribute aus der Bilderwelt der Legenden, wie das Schiff, Getreide und Brote, haben in Kunst und Brauchtum ihren Platz gefunden und sind zu Zeichen geworden für gelebten Glauben und Gottes spürbare Gegenwart.

Das eigenwillige Profil des Nikolaus steht oft in der Gefahr, hinter der kommerzialisierten Figur des Weihnachtsmannes zu verschwimmen. Umso wichtiger ist es, durch das Erzählen, Singen, Spielen und kreative Umsetzen der Legenden die eigentliche und noch immer aktuelle »Botschaft« des Nikolaus zu verdeutlichen.

# Bausteine zur Vertiefung

# Nikolaus-Lied

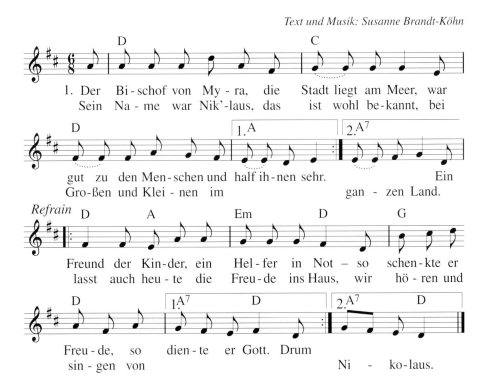

*Text und Musik: Susanne Brandt-Köhn*

1. Der Bischof von Myra, die Stadt liegt am Meer, war gut zu den Menschen und half ihnen sehr. Ein Sein Name war Nik'-laus, das ist wohl bekannt, bei Großen und Kleinen im ganzen Land.

*Refrain* Ein Freund der Kinder, ein Helfer in Not – so schenkte er Freude, so diente er Gott. Drum lasst auch heute die Freude ins Haus, wir hören und singen von Nikolaus.

2. Den Armen, denen brachte er Gold ins Haus,
   gab wertvolle Schätze für Hungernde aus.
   Und ging es den Kleinen und Schwachen mal schlecht,
   dann stand er zur Seite und sorgte für Recht.
*Refrain* Ein Freund der Kinder …

3. Bald feiern wir Weihnacht, weil Jesus Christ
   als Kind für uns Menschen geboren ist.
   Die Kleinen, die Schwachen – Gott ist ihnen nah.
   Und so war auch Nikolaus ganz für sie da.
*Refrain* Ein Freund der Kinder …

# Getreideschiffchen backen

**Zutaten:**
- ★ 250 g Butter
- ★ 100 g Zucker
- ★ abgeriebene Schale von einer unbehandelten Zitrone
- ★ 2 Eier
- ★ 400 g Mehl
- ★ 1,5 Tl. Backpulver
- ★ Sesam zum Bestreuen

Butter, Zucker und Zitronenschale schaumig rühren; Eier hinzufügen; Mehl mit dem Backpulver vermischen und unterkneten; Teig zu einer Kugel formen und in Folie gewickelt ca. eine Stunde im Kühlschrank ruhen lassen; danach noch einmal durchkneten; jeweils eine etwa walnussgroße Menge abnehmen und zu einem kleinen Schiffchen formen (kleine Kugel eiförmig rollen, beide Enden etwas mit den Fingern »anspitzen« und in die Mitte eine Mulde drücken); Mulde mit Sesam als »Getreideladung« bestreuen und etwas andrücken; die Schiffchen auf ein Blech mit Backpapier setzen und bei 180°C ca. 15 Minuten backen.

# Brot für Hungernde

Not durch Hunger, Missernte und eine ungerechte Verteilung der Güter gab es nicht nur zu Nikolaus Zeiten. Was würde Nikolaus heute dagegen tun? Was können wir selbst, was können schon Kinder dagegen tun? Die Nikolaus-Legende vom »Getreidewunder« will Anstoß sein zum ganz konkreten Handeln und Helfen. Dafür sind zunächst Informationen zu sammeln:
- ★ Wo herrscht heute Hunger (in der Welt, aber vielleicht auch ganz in der Nähe)?
- ★ Welche Ursachen hat dieser Hunger?
- ★ Welche Maßnahmen der Hilfe gibt es dort bereits?
- ★ Wie können wir uns daran beteiligen oder vielleicht ein noch fehlendes Projekt ins Leben rufen?

Aus den Informationen, die über Hilfswerke wie »Brot für die Welt«, »Misereor«, »terre des hommes« oder über regionale Sozialdienste erhältlich sind, sollte ein Notgebiet ausgewählt und durch Bilder, Karten, Texte etc. zunächst möglichst anschaulich vorgestellt werden.

Die Kinder können z.B. gemeinsam eine Schautafel gestalten, mit der sie andere auf das Thema aufmerksam machen (z.B. bei der Weihnachtsfeier, Basar etc.)

Beim Nachdenken über konkrete Hilfsmöglichkeiten ist das freie Fantasieren und Entwickeln von vielleicht unkonventionellen Ideen wichtiger, als das Errechnen möglichst hoher Spendenerträge. Auch Nikolaus hat nicht immer die »üblichen« Wege gewählt.

Ergebnisse einer solchen Ideen-Werkstatt könnten sein:

★ Wir bieten auf dem Weihnachtsmarkt, im Kindergarten, vor der Sonntagsmesse oder auf dem Schulhof heißen Kakao aus »fairem Handel« (z.B. erhältlich in »Eine-Welt-Läden«) an.

★ Wir informieren über den Kakaoanbau und das Leben der Kleinbauern in den dortigen Ländern und zeigen, wie selbst unser Kakaoverbrauch dabei eine Rolle spielt.

★ Wir fragen nach Armut und Not in unserer eigenen Stadt, verteilen vielleicht selbstgebackene Brötchen an Obdachlose, veranstalten einen Mittagstisch für Kinder, die zu Hause keine warme Mahlzeit bekommen oder erkundigen uns in Geschäften, was denn mit dem Brot vom Vortag passiert.

★ Wir verkaufen zugunsten eines Hilfsprojektes Selbstgemachtes, das an die Legende des Nikolaus erinnert, z.B. gebackene »Getreideschiffchen« (s.o.); Getreidekörner zum Backen und Kochen, abgefüllt in bemalten Marmeladengläsern; selbstgestaltete Brotrezept-Büchlein u.a.

# Auf die Bühne gebracht: Legendenspiel

**Spielform:** Legendenspiel

**Anzahl der Mitwirkenden:**
- ★ Nikolaus
- ★ beliebig viele Kinder als Matrosen und Diener des Kaisers
- ★ Erzähler/-in

**Raum und Requisiten:**
- ★ Platz für mehrere Menschen
- ★ ein Schiff aus Kartons oder Stühlen und Tüchern
- ★ Getreidesäcke

**Kostüme:** Nikolausgewand und Alltagskleidung

Bei der szenischen Darstellung der Legende können neben dem/der Erzähler/-in mehrere Kinder und Matrosen zu Wort kommen. Die dafür eingefügten Sprechsätze lassen sich beliebig (möglichst mit selbstgefundenen Formulierungen der Kinder) ergänzen, wobei folgende Leitfragen eine Hilfe sind:
1. Was empfinden Menschen und besonders Kinder, wenn sie unter Hunger und Krankheit leiden?
2. Wovor haben die Matrosen Angst?
3. Was verwundert die Matrosen so?
4. Wie erleben die Kinder ihre unerwartete Freude?

Das Handeln des Nikolaus drückt sich, parallel zu dem gelesenen Erzähltext, in Gesten und Bewegungen aus. Anregungen für sein Kostüm können aus Kunstdarstellungen der verschiedenen Jahrhunderte gewonnen werden, z. B. ein weißes Gewand, eine Bischofsmütze (aus Papier falten) und einen Bischofsstab (gebaut mit Besenstil und gebogener Drahtspitze). Ähnlichkeiten zum rot-weißen »Weihnachtsmann-Mantel« sind auf jeden Fall zu vermeiden. Kinder und Matrosen finden Utensilien für ihre Kostüme größtenteils im eigenen Kleiderschrank. Ein Schiff mit Segel kann im Bühnenraum aus Stühlen oder Kartons, großen Tüchern und Seilen andeutungsweise gebaut werden. Pantomimische Bewegungen der Matrosen veranschaulichen die Arbeit an Deck.

Am Ende des szenischen Spiels steht das gemeinsam gesungene Lied.

# *Die Prinzessin auf der Erbse*

Es war einmal ein Prinz, der wollte eine Prinzessin heiraten; aber es sollte eine richtige Prinzessin sein. Da reiste er in der ganzen Welt umher, um eine solche zu finden, aber überall stand etwas im Wege. Prinzessinnen gab es genug, aber ob es richtige Prinzessinnen waren, dahinter konnte er nicht ganz kommen. Immer gab es etwas, das nicht in Ordnung war. Da kam er wieder nach Hause und war sehr betrübt, denn er wollte doch gar so gerne eine wirkliche Prinzessin haben.

Eines Abends gab es ein furchtbares Unwetter; es blitzte und donnerte, der Regen floss in Strömen, es war ganz schrecklich! Da klopfte es an das Stadttor, und der alte König ging hin, um aufzumachen.
Es war eine Prinzessin, die draußen stand. Aber, o Gott! Wie sah sie aus vom Regen und dem bösen Wetter! Das Wasser lief ihr vom Haar und von den Kleidern herunter; es lief in die Schnäbel der Schuhe hinein und an den Hacken wieder heraus, und da sagte sie, sie sei eine wirkliche Prinzessin.
»Nun, das werden wir schon herausbekommen!« dachte die alte Königin. Aber sie sagte nichts, ging in die Schlafkammer, nahm alle Betten ab und legte eine Erbse auf den Boden der Bettstelle, dann nahm sie zwanzig Matratzen und legte sie auf die Erbse und dann noch zwanzig Eiderdaunenbetten oben auf die Matratzen.
Darauf musste nun die Prinzessin die ganze Nacht liegen. Am Morgen wurde sie gefragt, wie sie geschlafen hätte.
»Oh, schrecklich schlecht!« sagte die Prinzessin. »Ich habe fast die ganze Nacht kein Auge zugetan! Gott weiß, was da im Bett gewesen ist! Ich habe auf etwas Hartem gelegen, so dass ich braun und blau am ganzen Körper bin! Es ist entsetzlich!«
Nun sahen sie, dass sie eine richtige Prinzessin war, weil sie durch die zwanzig Matratzen und die zwanzig Eiderdaunenbetten hindurch die Erbse gespürt hatte. So empfindlich konnte niemand anders sein, als eine wirkliche Prinzessin.
Da nahm der Prinz sie zur Frau, denn nun wusste er, dass er eine richtige Prinzessin hatte, und die Erbse kam in die Kunstkammer, wo sie noch zu sehen ist, wenn niemand sie gestohlen hat.
Seht, das ist eine wahre Geschichte.

*(Hans Christian Andersen)*

## Über die Geschichte

Die Geschichte zählt zu den bekanntesten Kunstmärchen des dänischen Dichters Hans Christian Andersen (1805–1875). Einige Interpretationen merken heute kritisch an, dass die Empfindlichkeit und Wehleidigkeit der Prinzessin ein fragwürdiges Mädchen- und Frauenbild unterstützt, das Kindern so nicht mehr vermittelt werden sollte. In Geschichten von robusten und weniger zimperlichen Mädchenfiguren sind manche literarischen »Gegendarstellungen« dazu entstanden. Ich sehe in der Empfindsamkeit, mit der noch durch viele weiche Kissen hindurch die Erbse als hart und drückend gespürt wird, jedoch auch positive Aspekte: Was die Prinzessin auszeichnet, ist ihre Feinfühligkeit. Ihr »Königreich« ist das der Sinne. Ihre Fähigkeit, so genau wahrzunehmen, ist ein wertvoller Schatz, den Kinder mit dieser Geschichte entdecken können.

## Bausteine zur Vertiefung

# Kissen fühlen

Ein kleiner Kissenbezug wird mit Füllwatte oder Schafwolle ausgepolstert. Mittendrin verbirgt sich ein fühlbarer Gegenstand: z.B. Stein, Walnuss, Kastanie, Apfel, Erdnuss o.Ä.
Tastend erraten die Kinder, was wohl darin versteckt ist. Es können auch mehrere Kissen im Spiel sein, von denen nur eines entsprechend bestückt wird. Zur Musik werfen sich die Kinder die Kissen zu. Wenn die Musik plötzlich stoppt, befühlt jedes das Kissen, was es gerade in der Hand hält. Wer ist Prinz oder Prinzessin und hat das »Kissen mit der Erbse«?

Eine ruhigere Variante des Ratespiels lässt sich mit dem Lied »Da fühl ich was« durchführen. Es wird gesungen, während das Kissen »mit Inhalt« im Kreis von Hand zu Hand wandert. Der Liedtext gibt Gelegenheit, die Vermutung eines Kindes als Wort spontan einzubauen (z.B. Erbse, Birne, Erdnuss, Mandarine etc.). Am Ende schaut ein Kind in das Kissen, um zu sehen, was wirklich drinsteckt.

# Prinzessin auf der Erbse

*Text und Musik: Susanne Brandt-Köhn*

Da fühl ich was, da fühl ich was, was ist denn das, was ist denn das, das könn-te *ei - ne Erb - se sein. Und du schaust gleich und du schaust gleich und du schaust gleich hin - ein.

* eine Birne, eine Walnuss, eine Mandarine usw.

# Spiele der Sinne

★ Viele Gegenstände werden auf einem Tisch ausgebreitet und mit einer Wolldecke abgedeckt. Wer erkennt tastend die meisten Teile?
★ Der in einem Kissen verborgene Inhalt kann auch die anderen Sinne ansprechen: Bei dem »Kissen-Wurfspiel« mit Musik (s.o.) ist ein Kissen mit einem kleinen Glöckchen oder einer kleinen Rasseldose (Filmdose gefüllt mit Erbsen o.ä.) versehen. Wer hört es heraus? Ebenso lassen sich die Spielvorschläge mit »Duftkissen« (mit Duftöl präpariert) durchführen.

# Auf die Bühne gebracht: Menschenschattenspiel

**Spielform:** Menschenschattenspiel

**Anzahl der Mitwirkenden:**
★ ca. 5–7 Spieler/-innen
★ Erzähler/-in
★ ein oder mehrere »Geräuschemacher«

**Raum und Requisiten:**
★ verdunkelbarer Raum
★ Strahler oder Projektorlampe
★ großes Bettlaken und Möglichkeiten zum freien Aufhängen (Türrahmen, gespannte Wäscheleine, hohe Stative o. Ä.)
★ große Federkissen
★ Geräuschinstrumente (für Regen, Sturm, Donner)

**Kostüme:** »königliche« Kleidung mit Kronen, langen Gewändern u.Ä. (evtl. aus Tüchern gebunden, die im Schattenriss wie Mäntel und Röcke wirken)

Die Geschichte kann sehr gut als Menschenschattenspiel hinter einem ausgespannten großen Bettlaken (von hinten mit Strahler oder Diaprojektor beleuchtet) dargestellt werden.
Während ein Erzähler oder eine Erzählerin den Text liest, werden hinter der Leinwand folgende Szenen sichtbar:

### 1. Brautschau
Prinz empfängt mehrere Frauen, die ihm nacheinander gegenübertreten. Er schüttelt jedesmal den Kopf.

### 2. Besuch im Unwetter
Es regnet und donnert (entsprechende Geräuschkulisse herstellen!). Prinzessin klopft ans Tor und wird hineingelassen.

### 3. Bett wird hergerichtet
Die Königin türmt über eine Erbse einen Berg von Decken und Kissen (mehrere Federbetten übereinanderlegen).

## 4. Unruhige Nacht der Prinzessin
Prinzessin liegt auf dem Kissenberg und wälzt sich unruhig hin und her.

## 5. Am Morgen
Prinzessin wirkt matt und müde (deutliches Gähnen) und erzählt der Königsfamilie von ihrem schlechten Schlaf. Der Prinz schließt sie glücklich in seine Arme.

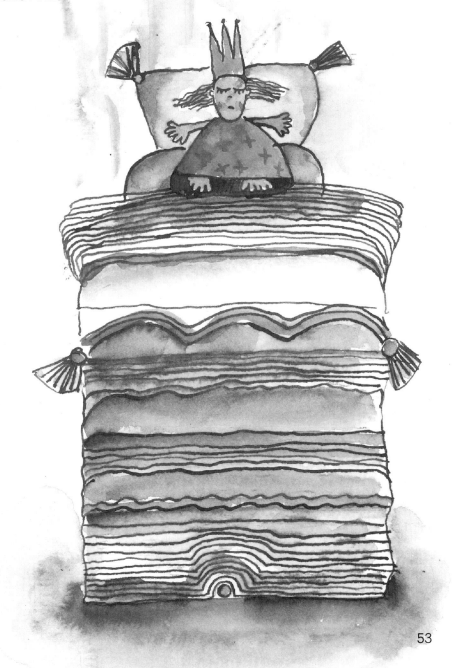

# *Mit großen Schuhen auf dem Eis*

Jan stand frierend am Rande der Eisfläche und sah den vielen Menschen zu, die sich auf den zugefrorenen Grachten tummelten: Männer und Frauen mit Schlittschuhen, schreiende Jungen, die einem sausenden Puck hinterherjagten, Liebespaare Hand in Hand und dick vermummte Kinder auf gemütlich ausgepolsterten Schlitten. Es war schon seltsam, was die Leute sich alles einfallen ließen, bloß weil man dort, wo sonst nur einige Boote müde dahinschaukelten, plötzlich herumlaufen konnte. Dabei gab es auf den umliegenden Wiesen und Feldern nun wirklich genug Platz! Aber an den kältesten Tagen des Jahres schien sich das ganze Leben auf diesem rutschigen Boden abspielen zu müssen, und wie durch Zauberkraft verwandelten sich manche Erwachsene in wildgewordene Kinder, sobald sie einen Fuß auf das Eis setzten.
Durch die dicken Wollstrümpfe, die Jan in seinen Holzschuhen trug, kroch eine unangenehm feuchte Kälte. Kein Wetter zum Rumstehen, dachte er und trat stampfend von einem Bein aufs andere. Für sportlichere Bewegungen waren diese Beine offenbar nicht geschaffen. Das hatte er schon oft genug zu spüren bekommen. Wettrennen, schnelle Ballspiele oder Sprünge über irgendwelche Hindernisse endeten meistens ziemlich peinlich für ihn. Irgendwie war er immer zu langsam, zu ängstlich oder zu ungeschickt – der »Stolperheini« eben, wie die anderen ihn oft nannten.
Einen Schritt nach vorn, und er stand jetzt zumindest mit den Schuhspitzen auf dem Eis.
Vorsichtig testete er die glatte Oberfläche. Vielleicht war ja alles ganz einfach. Ein leichtes Dahingleiten – ohne Angst und ohne Stolpern! Vielleicht aber wurde es hier erst richtig gefährlich: nirgends ein fester Halt und Menschenmengen, die bestimmt nur darauf warteten, über seinen wackeligen Gang zu lachen.
Noch unentschieden, ob er den nächsten Schritt nach vorn nun wirklich wagen sollte, hörte er plötzlich, wie jemand seinen Namen rief und fast im selben Moment kam ein Mädchen mit dem kratzenden Bremsgeräusch ihrer Schlittschuhe direkt vor ihm zum Stehen.
»Mensch, Jan, das ist ja toll, dich hier zu treffen«, begrüßte sie ihn und nutzte den letzten Schwung für eine elegante Drehung.
»Hallo Marieke«. Jans Stimme klang etwas verlegen. Die beiden wohnten in der selben Straße und in den Ferien spielten sie manchmal zusammen. Marieke besaß die schönste Murmelsammlung, die Jan jemals gesehen hatte:

glänzende Glaskugeln mit verschiedenen Mustern. In einigen schwebten weiße und blaue Pünktchen wie bei einem Schneetreiben. Die gefielen ihm am besten.

Ja, mit Murmeln kannte Jan sich gut aus. Spiele auf dem Eis aber ...

»Ich ... ich wollte eigentlich gerade gehen«, stotterte er, aber da hatte Marieke schon seine Hand gegriffen und zog ihn übermütig mit aufs Eis.

»Ach, komm«, bettelte sie, »du hast doch bestimmt noch gar nicht richtig ausprobiert, wie gut man auf Holzschuhen glitschen kann!«

Während er nun mit zitternden Knien vorwärts schlitterte, blieb Marieke dicht an seiner Seite, redete wie ein sprudelnder Wasserfall, und irgendwie spürte Jan ein Gefühl von Sicherheit, solange er Marieke in seiner Nähe wusste. Er konnte es fast als Mut bezeichnen, das warme Kribbeln in seinem Bauch. Genug Mut zumindest, um jetzt mit etwas Anlauf den ersten großen Rutsch über eine spiegelglatte Eisbahn zu wagen.

Er sah nicht die vielen Menschen, die wartend und zuschauend am Rande der freigeschobenen Fläche standen. Er dachte nicht über seine Arme und Beine nach, die oft krumm und steif ein so komisches Bild abgaben. Er schien zu fliegen. Ohne Angst und ohne Mühe landete er aufrecht am Ende der Bahn und riss wie ein Sieger die Arme hoch, als er vom anderen Ende Mariekes Applaus hörte.

Jetzt war Marieke an der Reihe, danach zwei andere Jungen, dann wieder er – und so ging es eine ganze Weile. Noch eine Runde, dann musste er sich wirklich auf den Heimweg machen, denn es fing schon an, dunkel zu werden.

Den Stein, der plötzlich vor ihm mitten auf der Eisbahn lag, sah er erst im allerletzten Moment. Erschrocken tat er einen kleinen Sprung, verlor dabei das Gleichgewicht und landete mit einem wütenden Schrei auf dem Popo. Das schien die lachenden Leute um ihn herum jedoch gar nicht so sehr zu interessieren. Ihre Blicke gingen in eine andere Richtung – dorthin, wo sein rechter Holzschuh mit dem Schwung seines Sturzfluges geschlittert war. Verzweifelt sah er sich nach Marieke um. Aber die war nicht zu sehen – längst weitergefahren wahrscheinlich mit anderen Schlittschuhläufern, die mehr zu bieten hatten, als derart dumme Rutschpartien mit viel zu großen Holzschuhen.

Jan wollte jetzt nur weg. Ohne nach dem verlorengegangenen Schuh zu schauen, humpelte er so schnell er konnte aufs Ufer zu, kletterte auf sein dort abgestelltes Fahrrad und ließ sich von niemandem mehr zurückrufen.

Zuhause murmelte er etwas von einem Eisloch, in dem sein Schuh durch ein kleines Missgeschick verschwunden sei, und zog sich bald auf sein Zimmer zurück.

Auch am nächsten Morgen hatte er eigentlich auf nichts richtig Lust – schon gar nicht auf die Späße seiner Mutter. »Ich glaube, der Nikolaus ist diese Nacht an unserer Tür vorbeigekommen«, verkündete sie fröhlich zwischen zwei Schlückchen Tee am Frühstückstisch. Und als von Jan nur ein müdes »Hmmm« als Antwort kam, half sie noch etwas nach: »Ich frag mich nur, wie er es geschafft hat, deinen Holzschuh wieder aus dem Wasser zu ziehen. Dabei kann wirklich nur er es gewesen sein. Schließlich steht das Ding nicht leer vor unserem Haus …«

Jan legte verdutzt sein Brötchen beiseite und starrte seine Mutter ungläubig an. Die war inzwischen aufgestanden, um die Tür nach draußen zu öffnen.

Tatsächlich! Auf den Stufen stand sein rechter Schuh!

Das musste er sich nun wirklich aus der Nähe ansehen.

Prüfend strich er mit den Fingern über das rauhe Holz und betastete die Nüsse und Tannenzweige, mit denen der Schuh bis zum Rand gefüllt war.

»Lauter gute Dinge, die du auf deinen Adventsteller legen kannst, falls du den Schuh heute noch wieder anziehen willst«, meinte seine Mutter. Das wollte Jan!

Er freute sich darauf, hineinzuschlüpfen und mit den Zehen innen die vertraute Form zu spüren. Nach draußen wollte er, die klare Winterluft riechen und in die Pedale seines Fahrrades treten. Vielleicht wollte er auch wieder aufs Eis – ganz sicher war er sich da allerdings noch nicht.

So legte er die Nüsse und Zweige sorgfältig zu den Äpfeln und Schokokringeln auf dem bunten Teller und versuchte gerade, die letzten pieksenden Tannennadeln herauszusammeln, als er in der Spitze des Schuhes plötzlich einen runden Gegenstand fühlte und rasch ans Licht holte.

Eine Murmel! Glitzernd wie ein Eiskristall mit kleinen weißen und blauen Pünktchen darin!

»Na, das ist aber etwas ganz Besonderes! Ein Nikolaus, der Murmeln verschenkt!«, hörte er seine Mutter sagen, die ihm von der Küche aus zugesehen hatte.

»Ja«, ein sonderbares Lächeln huschte über Jans Gesicht, »wirklich etwas ganz Besonderes! Und während er das kostbare Stück in seiner Hosentasche verstaute, dachte er: Wie gut, dass es vor Weihnachten Geheimnisse gibt, die man ganz für sich behalten darf.

Dann hüpfte er auf seinen großen Holzschuhen die Treppen zum Vorgarten hinunter und verschwand mit seinem Fahrrad in Richtung Grachtstraße.

*(Susanne Brandt-Köhn)*

## Über die Geschichte

Auslöser für die Geschichte war eigentlich ein altes holländisches Gemälde – ein Bild, das Geschichten erzählen kann. Viele Geschichten! Es hat eine ganze Reihe von Malern gegeben, die das bunte Treiben auf dem Eis mit Farben und Pinsel festgehalten haben; als Künstler im Beobachten könnte man sie auch bezeichnen.
Damals wie heute zieht es Menschen an frostigen Wintertagen auf die Eisfläche.
Und damals wie heute ereignen sich auf dem glatten Boden, der nun für eine kurze Zeit im Jahr zu betreten ist, unzählige kleine und große Geschichten. »Mit großen Schuhen auf dem Eis« ist nur eine davon …

## Bausteine zur Vertiefung

## Bildbetrachtung »Winterlandschaft«

So, wie die Geschichte von Jan und Marieke ein einzelnes Erlebnis unter vielen auf dem Eis erzählt, so lassen sich auch aus der »Winterlandschaft« des holländischen Malers Hendrick Avercamp viele solcher einzelnen Erlebnisse »herauslesen«.
Über das Leben des Malers ist nur wenig bekannt. Er lebte 1585–1634 in Kampen an der Zuider Zee in einer wasserreichen Landschaft und war vermutlich taubstumm. Vielleicht hat er mit seinen Bildern versucht, alles das, was er mit Worten und Stimme nicht ausdrücken konnte, mit dem Pinsel zu beschreiben:

★ Die Pärchen Hand in Hand auf dem Eis. Wann und wie haben die sich wohl kennengelernt?
★ Die Leute im Pferdeschlitten. Ob die noch einen weiten Weg vor sich haben?
★ Das kleine Kind dort zwischen all den Großen. Hat es sich in dem Getümmel vielleicht verlaufen?
★ Manche sind offenbar nicht nur zum Vergnügen auf dem Eis. Welche Arbeiten haben die zu tun?

★ Verglichen mit Szenen auf dem Eis heute: Was hat sich verändert? Wie unterscheiden sich z.B. die Winterbekleidungen damals und heute, die Spiele, die Ausrüstungen für Sport und Fortbewegung?

Bevor Avercamp solche großen Bilder malte, hat er zunächst viele kleine Zeichnungen angefertigt, um die Bewegungen und Körperhaltungen einzelner Personen genau festzuhalten.
Möglicherweise ist er dazu an mehreren Tagen immer wieder zum Eis gegangen. Es wäre unmöglich, mit einem einzigen Blick alles das zu erfassen, was da auf dem fertigen Bild zu sehen ist.
Wie bei einem Puzzle ist also aus vielen kleinen Skizzen das Bild zusammengesetzt worden.
Die Menschen und Dinge, die er im Vordergrund plaziert hat, sind dabei deutlich größer und klarer gemalt als die im Hintergrund. So scheint sich die Eisfläche sehr weit bis zum Horizont hin zu erstrecken.
Als große farbige Abbildungen findet man die lebendigen Winterbilder mit Eislaufszenen von Avercamp oder auch anderen Malern in zahlreichen Kunstbildbänden, die im Buchhandel oder in Bibliotheken erhältlich sind.
Einige Beispiele:
★ Hundert Meisterwerke aus den großen Museen der Welt. Hrsg. von Edwin Mullins und Wibke von Bonin. Köln, 1983, darin: H. Avercamp: Winterlandschaft
★ Mein erstes Kunstbuch. Ravensburg, 1978, darin: H. Avercamp: Schlittschuhläufer bei einer Wasserburg
★ Geburt im Schnee. Eine Betrachtung von Jörg Zink zu Weihnachtsbildern von Pieter Bruegel. Eschbach, 1984, darin: P. Bruegel: Die Volkszählung zu Bethlehem (auch als Dias erhältlich)
★ Stadler, Wolf: Maler sehen Kinder. Freiburg, 1988, darin: P. Hansen: Wintervergnügen

## Erzähl- und Schreibwerkstatt

Hendrick Avercamp wollte mit seinen Bildern vor allem erzählen, was er als »der Stumme«, wie ihn die Leute nannten, nicht zu Gehör bringen konnte. Welche Geschichten lassen sich hinter den vielen dargestellten Menschen vermuten? Welche Geschichten fallen uns ein, wenn wir an eigene Wintererlebnisse auf dem Eis denken?

»Eine Frau stand frierend am Rande der Eisfläche …« – so oder anders könnte auch eine selbsterdachte Geschichte beginnen, in der eine Person des Bildes im Mittelpunkt steht.

Vielleicht fällt jemandem auch ein kleines Gedicht ein, das eine Situation auf dem Eis beschreibt.

Wie mit einer Lupe kann jeder seine »Lieblingsfigur« auf dem Bild suchen, ganz genau betrachten und schließlich einfach anfangen, von ihrem Leben und ihren Erlebnissen auf dem Eis zu erzählen … Schließlich lassen sich solche Geschichten auch zu Papier bringen. Bei jüngeren Kindern übernehmen die Größeren das Aufschreiben.

## Collage »Eisvergnügen«

Auf dem Eis kann man viele Menschen beobachten. Das weiß jeder, der so ein »Eisvergnügen« selbst schon mal erlebt hat. Ist gerade »Schlittschuhsaison«, so bietet sich jetzt natürlich ein gemeinsamer Ausflug zu einer nahegelegenen Eisfläche an.

Die dabei gesammelten Eindrücke können anschließend als Bild wiedergegeben werden. Jeder malt z. B. eine Person, die ihm besonders gut in Erinnerung geblieben ist: Was hatte sie an? Wie hat sie sich bewegt?

So, wie Avercamp nach vielen kleinen Skizzen seine großen Gemälde gestaltet hat, lässt sich aus vielen einzelnen Bildern von verschiedenen »Eisläufern« ein gemeinsames großes Bild zusammenstellen. Dazu werden die gemalten Figuren ausgeschnitten und auf eine große »Eisfläche« geklebt. Auch perspektivische Eindrücke – große Figuren werden vorne ins Bild geklebt, kleinere in den Hintergrund – können so realisiert werden.

## Malen nach Musik

Vieles, was auf dem Eis passiert, hinterlässt Spuren. Schlittschuhläufer ziehen dort ihre Kreise oder Fußtritte zeichnen sich auf der dünnen Schneedecke ab.
Lassen wir einen Malstift oder Pinsel – mal in langgezogenen Bahnen, mal »tippelnd wie die Hufen eines Schlittenpferdes« – über eine große Papierfläche wandern, werden solche »Spuren« zu Bildern.
Angeregt durch jene Musikstücke, die auch bei der nachfolgenden Umsetzung in Bewegung zum Einsatz kommen, kann die malende Hand in unterschiedlicher Weise übers Blatt »tanzen«: Das ruhige »Largo« aus Vivaldi's »Winter« (s. S. 64) unterstützt die Ausführung von langgezogenen Linien, Bögen und Kreisen. Die muntere »Schlittenfahrt« von Leopold Mozart (s. S. 62) weckt dagegen eher die Vorstellung von vielen bunten Tupfern und Punkten, die sich im Rhythmus des »Pferdegetrappels« auf dem Papier verteilen. So gehen von beiden Musikstücken Impulse für eine fantasievolle Bildgestaltung mit Farben und Formen aus.

## Auf die Bühne gebracht:
## Winterszenen in Musik und Bewegung

**Spielform:** »Winterszenen« in Musik und Bewegung

**Anzahl der Mitwirkenden:** keine feste Begrenzung

**Raum und Requisiten:** große Fläche mit viel Bewegungsfreiheit; Abspielmöglichkeit bzw. Instrumente für Musik

**Kostüme:** bequeme Kleidung, passend zur winterlichen Szenerie; Tücher

Verschiedene Komponisten haben sich bei ihrer Musik von winterlichen Stimmungen und Erlebnissen inspirieren lassen. Als Beispiele seien hier Werke vorgestellt, die sich besonders zur darstellenden Spiel- und Bewegungsimprovisation eignen. Die Stücke können nach den vereinfachten Arrangements selbst gespielt oder per Tonträger zum Klingen gebracht werden.

# Musikalische Schlittenfahrt

*geschwind*            *von Leopold Mozart*

Die »Musikalische Schlittenfahrt«, entstanden 1756 als unterhaltsame Gelegenheitskomposition zum Karneval, schildert eine winterliche Landpartie mit Pferdeschlitten. Der hier ausgewählte Satz beschreibt innerhalb der Klanggeschichte die eigentliche Fahrt. Charakteristisch ist dabei das durchgängige Lauftempo der Pferde, das mit Holzschlaginstrumenten (als Hufgeräusche) und Schellengerassel (als Glöckchen am Zaumzeug der Pferde) begleitet werden kann.

**Bewegungsvorschlag:**
Kinder laufen im Rhythmus der Musik durch den Raum und bilden dabei jeweils Dreiergruppen: ein Kind läuft als »Pferd« vorweg und hält in beiden nach hinten gerichteten Händen ein Tuch oder Seil als »Zügel«, an denen sich rechts und links je ein Kind festhält, das so dem Lauf des Pferdes folgt. Mehrere solcher »Schlittengemeinschaften« sind zur Musik im Raum unterwegs. Wird die Musik »live« gespielt, kann sie die Pferde durch Tempobeschleunigung mehr und mehr »auf Trapp« bringen oder durch Verlangsamung einen Stillstand herbeiführen. Dabei müssen sich die Mitreisenden in so einem Dreiergespann stets gut auf die vorgegebene Bewegung einstellen, damit das Gefährt nicht »ins Schlingern« kommt und auch keinen Zusammenstoß mit anderen Schlitten riskiert.

Die mit »Vier Jahreszeiten« betitelten Violinkonzerte op. 8 von Antonio Vivaldi zählen zu den populärsten Werken des Komponisten. Um deutlich zu machen, wie sich die einzelnen Teile der Musik auf verschiedene Stimmungen und Naturzustände der Jahreszeiten beziehen, sind den Noten Gedichtzeilen beigegeben, die davon etwas erzählen. Der Winter wird darin mit seinen »Leiden und Wonnen« beschrieben: Da ist einerseits die Ruhe und Geborgenheit am heimischen Ofen und die Faszination der glitzernden Schneelandschaft, andererseits aber auch die klirrende Kälte und die Angst vor den Gefahren des brüchigen Eises. Entsprechend unterschiedlich ist der Charakter der einzelnen Musikstücke zum »Winter« mal von einer großen Ruhe, mal von wilden und »schlitternden« Bewegungen bestimmt.
Als Kontrast zu Mozarts munterer »Schlittenfahrt« soll hier vor allem das langsame »Largo« Beachtung finden. Die Tücher, die bei der »Schlittenfahrt« noch als Zügel dienten, können nun ganz frei in großen Bögen zum Schwingen kommen. Man stelle sich vor, so leicht und schwebend in langen Bahnen über das Eis zu ziehen …

Anders als bei der »Schlittenfahrt«, die eine gewisse Anpassung an das vorgegebene Lauftempo fordert, geht es bei Vivaldis »Largo« darum, die große Bewegungsfreiheit zu erproben und voll auszukosten. Niemand treibt zur Eile an, niemand drängt in eine Richtung, nur die Fantasie des unbeschwerten Dahingleitens bestimmt die Bewegung und drückt sich mal in den ruhigen langen Schritten der Beine, mal in den weit geschwungenen Tüchern aus. Wenn sich zwei Tanzende so im Raum begegnen, ergeben sich vielleicht spontan miteinander neue Bewegungsformen.

Wer mag, kann sich ergänzend dazu natürlich auch mit den anderen Teilen in Vivaldis »Winter« beschäftigen und den unterschiedlichen Stimmungen malend oder tanzend »auf die Spur kommen«.

## Largo

Aus dem Winter der »Vier Jahreszeiten« von Antonio Vivaldi

# Schon lange hat's gefroren

*frei nach dem holländischen Winterlied »Des winters als het regent«*

Schon lange hat's gefroren, der See ist blank, das Feld ist weiß. Doch auf dem See, da seh ich was, da seh ich was auf dem Eis: 1. Mit einem Schlitten und einem Stecken geht es gemeinsam über den See, – mit einem Schlitten und einem Stecken geht es gemeinsam über'n See.

*Refrain:* Schon lange …

2. Erst saust der Schläger
   mit großem Schwung
   und dann saust der Puck
   auch schon davon.

*Refrain:* Schon lange …

3. Auf einem Bein,
   solange es geht
   auch wenn man auf zweien
   sicherer steht.

Während eine Gruppe das Lied singt und ggf. mit Instrumenten begleitet, können die darin genannten Spiel- und Bewegungsformen von anderen pantomimisch dargestellt werden.

Diese drei musikalisch erzählten und in Bewegung umgesetzten Winterszenen – Schlittenfahrt, freies Dahingleiten auf dem Eis und Spiele – lassen sich mit selbst erdachten Zwischentexten zu einer durchgängigen Geschichte verbinden (Beispiel: Da machen sich welche mit dem Schlitten auf den Weg, bewegen sich mal tanzend, mal spielend auf dem Eis und fahren schließlich wieder nach Hause) oder aber als Einzelbeiträge in eine Art »Eisrevue« einbauen, die mit weiteren Text- und Musikstücken (z.B. auch Ergebnisse aus der oben beschriebenen Erzähl- und Schreibwerkstatt) bereichert wird.

Auch die Geschichte »Mit großen Schuhen auf dem Eis« kann als vorgelesener Einzelbeitrag in einem solchen Rahmen seinen Platz finden.

# *Wichtels Weihnachtswunsch* oder
# *Wie die Töne zu ihren Namen kamen*

Wie soll man sich jemanden vorstellen, der Tomte Federlein heißt? Bestimmt nicht schwer und träge! Nein, Tomte Federlein ist tatsächlich ein außergewöhnlich winziges Leichtgewicht.
Aber glaubt nicht, dass alle Wichtel so sind. Es gibt Dicke und Dünne, Stille und Laute, Schnelle und Langsame - genau wie bei den Menschen. Und das ist gut so.
Denn es gibt ja auch ganz unterschiedliche Dinge zu tun. Wichtel sind nämlich fast ständig mit irgend etwas beschäftigt: sie fegen und feudeln, singen und springen, träumen und trösten oder machen sich sonstwie nützlich. Bei all dem dürfen die Menschen ihnen jedoch niemals zusehen. Sonst verlernen die womöglich das Staunen über die vielen unerklärlichen Dinge, bei denen die Wichtel vielleicht ihre Hand mit im Spiel hatten: ein besonders gut gelungener Kuchenteig zum Beispiel oder eine Rechenaufgabe, die sich plötzlich wie von selbst löst.
Die Wichtel allerdings sehen den Menschen ziemlich oft zu. Und fragt man Tomte Federlein, woran er sich da am liebsten erinnert, dann sagt er noch heute: an den Weihnachtstanz! Den hatte er einmal beobachten können, als er vor einigen Jahren am Heiligabend – ganz heimlich natürlich – bei einer großen Familie zu Besuch war. Diese Freude, dieser Schwung – und vor allem – diese wunderbare Musik dazu! *(Melodie des Tanzliedes, S. 72, spielen)*
Daran musste Tomte Federlein auch an diesen Dezembertagen immer wieder denken.
Er war nämlich gerade damit beschäftigt, den Baumschmuck für das bevorstehende Fest zu putzen. Das konnte eben niemand so gut wie er.
Weich wie eine Feder strich er über die zerbrechlichen Kugeln und verstaubten Glöckchen, bis alles wieder glänzte. Wenn dabei eines der Glöckchen ein wenig ins Rollen kam, dann war sie gleich wieder da – die Erinnerung an den Tanz zu

diesem wunderschönen Weihnachtslied. Ja, hätte er doch nur einige Glöckchen davon mit in seine Wichtelwohnung nehmen können …

Eines Morgens fand Tomte Federlein die schönsten Glöckchen bereits im Wohnzimmer, wo der frische Baum aufgestellt werden sollte, andere jedoch in einer Tüte neben dem Mülleimer: einige davon waren etwas verbeult und bei mehreren fehlte der Haken zum Aufhängen. Das störte Tomte Federlein jedoch überhaupt nicht. Er dachte nur: »Wenn diese Tüte hier verschwindet, stört es sicher niemanden – aber ich habe dann meine Festmusik«.
Noch am selben Abend saß er am Küchentisch seiner Wichtelwohnung und hatte die Glöckchen in einer Reihe vor sich ausgelegt. Sechs Stück waren es – und jedes sah ein bisschen anders aus.
Ganz vorsichtig nahm er das erste hoch, um es mit leichtem Schwung zum Klingen zu bringen. Aber an Musik erinnerte das, was er hörte, noch nicht.
Er probiert ein zweites, ein drittes und musste am Ende enttäuscht feststellen, dass sich alle irgendwie kalt und müde anhörten. *(einfache Bastelglöckchen klingen lassen)*
Vielleicht hatten sie zu lange im dunklen Keller gelegen, überlegte Tomte Federlein und wiegte eines der Glöckchen behutsam nach Federleinart hin und her. Da – der Ton schien sich durch die sanften Bewegungen tatsächlich zu verwandeln! Ganz zart noch, aber unverwechselbar begann es in seiner Hand zu klingen. Tomte Federlein lauschte. Noch nie war ihm ein Ton so vertraut gewesen. »Das ist mein Ton«, flüsterte er dem Glöckchen zärtlich zu, »F soll er heißen, F wie Federlein«. *(Ton F auf Glockenspiel anschlagen)*
Und noch etwas wusste Tomte Federlein jetzt ganz sicher: Der Ton gehörte in seine Weihnachtsmusik. So wusste er auch, was er nun zu tun hatte: er musste die anderen Töne des Liedes finden, und mit Blick auf die Glöckchen, die noch unangerührt vor ihm auf dem Tisch lagen, schienen die Aussichten auf Erfolg gar nicht so schlecht.
Das behutsame Wiegen nach Federleinart zeigte auch bei den anderen Glöckchen Wirkung. Am Ende klang eines so schön wie das andere – aber eben jedes wie F. *(Ton F mit verschiedenen Schlägeln – mal Holzkopf, mal Gummikopf – anschlagen)*

Das Lied jedoch, mit dem Tomte Federlein so gern Weihnachten feiern wollte, konnte daraus beim besten Willen nicht entstehen. Denn das klang ja gerade deshalb so schön, weil die Töne so verschieden waren. Er überlegte: andere Töne, andere Wichtel? Versuch macht klug – und schon war er unterwegs!

Nicht weit entfernt wohnten die Schwestern Tomte Christaklein und Tomte Christagroß.
Und die kannten sich aus mit Christfestvorbereitungen. Daher ja ihre Namen! Waren sie auch nicht so klein und zart, dass sie wie er die Kugeln putzen konnten, so waren sie doch geschickte Helferinnen beim Kochen, Backen und Einwickeln der Geschenke.
Tomte Federlein packte also die Glöckchen vorsichtig in ein großes weiches Tuch und trug sie hinüber zu den Christa-Schwestern. Die hörten sich zunächst etwas erstaunt sein Problem an. Dann nahm Tomte Christaklein neugierig eines der Glöckchen in die Hand und umschloss es fest aber weich mit ihren kräftigen Fingern, wie sie es vom Teigkneten her gewohnt war. Kaum hatte sich ihre Faust wieder geöffnet, da rollte das Glöckchen schon in das Tuch zurück und ließ dabei einen Ton erklingen, der sich zweifellos nicht mehr F nennen konnte. *(tiefes C anschlagen)*
Tomte Federlein traute seinen Ohren nicht. Flink griff er nach dem soeben erklungenen Glöckchen, holt zum Vergleich eines seiner F-Glöckchen aus dem Tuch hervor und erkannte im Spiel mit beiden den Anfang seiner geliebten Melodie. *(ersten beiden Takte des Liedes, S. 72, spielen)*
Da hatte sich auch schon Tomte Christagroß ein weiteres Glöckchen aus dem Tuch herausgefischt. Und nun wurde die Sache wirklich spannend! Es gab das Glöckchen aus der Hand von Tomte Christaklein, dann eines von Tomte Christagroß, das deutlich höher, aber dennoch ähnlich klang und schließlich natürlich die F-Glöckchen von Tomte Federlein. Und mit allen zusammen ließ sich schon fast ein Tänzchen begleiten. *(kleine Tonfolge mit tiefem C, hohem C und F spielen)*
Aber dafür blieb jetzt keine Zeit. Zunächst mussten Namen für die neuen Töne gefunden werden. »C wie Christagroß und Christaklein«, schlug Tomte Federlein vor, »Oder genauer gesagt: C hoch und C tief«. Die beiden Schwestern waren einverstanden. Dann berieten sie, wer wohl dabei helfen konnte, auch den übrigen Glöckchen noch andere Töne zu entlocken. »Warum versuchen wir es nicht bei Tomte Ganzallein?« meinte schließlich Tomte Christagroß, die sich in der Nachbarschaft am besten auskannte, »Und auf dem Rückweg schauen wir gleich noch bei Tomte Anderssein vorbei.«

Tomte Ganzallein konnte sich kaum daran erinnern, wann er zuletzt so viel Besuch bekommen hatte. Seit er in einer Baumhöhle weit ab vom Dorf lebte, kam nur noch selten jemand bei ihm vorbei. Es musste also einen besonderen Grund haben, dass an diesem verschneiten Dezemberabend gleich drei Wichtel bei ihm an die Tür klopften. »Na, das ist wirklich etwas Besonderes«, staunte er, nachdem die drei ihm von ihrem Wunsch erzählt hatten und nun einige Glöckchen auf dem Boden seiner Behausung auspackten. Vorsichtig tastend wanderten seine Finger von einem zum anderen. Dann hatte er offenbar eine Entscheidung getroffen, steckte eines der Glöckchen in seine Hosentasche und eilte auf den Höhlenausgang zu. »Lasst mich mal einen Moment allein sein«, hörten die anderen ihn noch murmeln, bevor er in der Dunkelheit verschwand.

Sie warteten. Es dauerte nicht lange, da kam Tomte Ganzallein zurück. Das Glöckchen trug er nun feierlich in der hohlen Hand vor sich her.

»Ein einmalig schöner Ton«, schwärmte er, noch bevor sich seine Gäste davon überzeugen konnten. Und wirklich! Bald saßen sie im Kreis um das Tuch mit den Glöckchen herum, ließen mal ein F, mal ein C, dazu den neuen Ton von Tomte Ganzallein erklingen und spürten, wie tatsächlich etwas ganz Einzigartiges hinzugekommen war. »Hört ihr auch, wie mein Glöckchen neben dem Ton von Tomte Ganzallein richtig warm geworden ist?«, freute sich Tomte Christaklein, »… und wie wohl sich meiner dazwischen fühlt«, ergänzte Tomte Federlein, »auch wenn für meine Tanzmelodie immer noch ein bisschen fehlt.« *(die vier Töne im Wechsel spielen)*

»Deshalb lasst uns den Besuch bei Tomte Anderssein nicht vergessen«, erinnerte Tomte Christagroß an ihren Vorschlag, »und du, mein lieber Tomte Ganzallein, bist herzlich eingeladen, uns zu begleiten – zusammen natürlich mit deinem Ton. Oder genauer gesagt: mit deinem G – G wie Ganzallein.« *(G anschlagen)*

Der Weg zu Tomte Anderssein war nicht weit und sein Haus kaum zu verfehlen. Er hatte es sich nämlich in einem alten kunterbunten Zirkuswagen gemütlich gemacht, der im Winter unbewohnt am Waldrand stand. Überraschende Gäste mit ungewohnten Ideen waren bei Tomte Anderssein immer willkommen. Er liebte die Abwechslung und half mit fantastischen Einfällen und manch sonderbaren Künsten gern bei Clowns und Artisten aus.

So konnte er sich auch gleich für die Sache mit den Glöckchen begeistern. Vergnügt fing er an, mal mit dem einen, mal mit dem anderen zu spielen und warf schließlich eines so übermütig in die Luft, dass es mit einem ebenso übermütigen Ton in seine Hände zurückfiel. *(A anschlagen)*

Alle horchten auf. Ein neuer Klang war geboren und mischte sich nun mit den Klängen der anderen Glöckchen, die schon ebenso munter in ihrem Tuch durcheinander hüpften. *(rasche Tonfolge aller fünf Töne)*

»Noch was?« fragte Tomte Anderssein triumphierend. Die anderen klatschten begeistert Beifall. »Mit deinem A wie Anderssein bist du in unsere Runde aufgenommen«, rief Tomte Federlein, »und wer jetzt noch zu unserem Glück fehlt, ist eigentlich auch schon klar, wenn ich auf meinen Bauch höre. Da ist nämlich inzwischen auch ein Ton drin erwacht. Und der heißt ‚Hunger'«. Mehr musste er nicht sagen, um anzukündigen, dass es jetzt zu Tomte Breidabei gehen sollte. Alle Wichtel kannten den freundlichen Artgenossen, der eigentlich immer irgendwie mit Essen beschäftigt war. Nachts, wenn in dem Gasthaus, wo er lebte, Ruhe herrschte, köchelte auf dem Herd stets ein riesiger Topf mit Haferbrei. Da würden bestimmt noch einige Löffelchen für fünf hungrige Wanderer übrig sein.

Sie wurden nicht enttäuscht. Tomte Breidabei bewirtete alle großzügig und ließ sich dabei von den Glöckchen erzählen. »Und nur noch ein Ton fehlt mir zu meinem Weihnachtslied«, beendete Tomte Federlein seine Geschichte. Das war für Tomte Breidabei das entscheidende Stichwort. »Klare Sache«, stellte er fest, »Weihnachten muss festlich sein: gutes Essen, nette Gäste – und dann natürlich viel Musik und Tanz.«

Mit diesen Worten sprang er von seinem Küchenstuhl auf und wirbelte durch den Raum, als hätte das Fest schon begonnen. Die anderen verstanden: Sie holten ihre Töne hervor, warfen dem tanzenden Tomte Breidabei das letzte Glöckchen zu, und schon bald zog das fertige Lied wie ein herrlicher Duft durch die Küche. Denn jetzt waren alle in Bewegung: Tomte Federlein, Tomte Christagroß und Tomte Christaklein, Tomte Ganzallein und Tomte Anderssein – und mittendrin Tomte Breidabei mit seinem … na, ihr könnt wohl raten, wie sein Glockenton heißen sollte. *(gesamte Melodie des Tanzliedes spielen)*

Die Musik verstummte erst, als Tomte Federlein plötzlich »Schluss für heute!« rief. Und als er die fragenden Gesichter sah, fügte er hinzu: »Das ist doch unser Weihnachtstanz! Wenn wir so weitermachen, sind wir Heiligabend ja schon völlig erschöpft.«

Dann legte er jedes Glöckchen behutsam zurück in das Tuch und merkte, wie er sich plötzlich selbst sein warmes weiches Bett herbeiwünschte. Auch die anderen spürten inzwischen ihre Müdigkeit und hatten es nun ganz eilig nach Hause zu kommen. Denn sie wussten ja, dass sie sich alle schon bald wiedersehen würden – zum Christfest bei Tomte Federlein. Das war eine längst beschlossene Sache.

Die sechs Glöckchen liegen wohl heute noch bei Tomte Federlein, um jedes Jahr am Weihnachtsabend – frisch geputzt natürlich – wie neu zu erklingen. Und Tomte Federlein hat seitdem nie mehr ein Fest allein verbringen müssen. Das Lied aber ist inzwischen auch anderswo eingezogen: in Dörfer und Städte, Wohnungen und Häuser, Flöten und Trompeten – überall dort, wo Menschen zusammen sind und offene Ohren haben für die verschiedenen Töne, die jeder mitbringt.
So muss man sich wohl auch nicht darüber wundern, dass die Töne der Musik tatsächlich Namen haben: C oder F, G oder A. Eben jeder nach seiner eigenen Note. Und wenn jetzt jemand ganz schlau fragt, wo denn E, D oder H herkommen, dann bleibt nur zu sagen: Wichtelgeheimnis! *(gesamtes Tanzlied mit Text und Tönen singen und spielen)*

*(Susanne Brandt-Köhn)*

## Über die Geschichte

Die Geschichte ist mit etwa 20 Minuten Vorlesezeit länger als die anderen in diesem Buch.
Sie wendet sich, bedingt durch die Buchstaben und Notennamen die darin benannt werden, vorrangig an Kinder, die schon lesen können, eignet sich aber ebenso für kleinere Kinder ohne entsprechende »Vorkenntnisse«. Bei ihnen bietet es sich an, die Geschichte in mehreren Abschnitten zu erzählen, um zwischendurch Gelegenheit zu geben, das Gehörte im Gespräch zu wiederholen und zu vertiefen.
»Tomte« ist die Bezeichnung für Weihnachtswichtel, die im schwedischen Brauchtum eine große Rolle spielen. Aus dieser Tradition stammt auch das »Weihnachtstanzlied«, um das es in dieser Geschichte geht. Aber es geht beim Entdecken der darin vorkommenden (Glocken-)Töne nicht allein um eine musikalische Erfahrung: Wie jeder seinen ganz eigenen Ton einbringt, der anders ist als alle anderen Töne und gerade in diesem Anderssein für den Zusammenklang unverzichtbar ist – das ist auch eine zwischenmenschliche Erfahrung. Und eine wichtige Voraussetzung, um am Ende so schwungvoll und fröhlich miteinander feiern zu können.

# Bausteine zur Vertiefung

## Wichtel-Tanzlied

*nach einem schwedischen Volkslied*

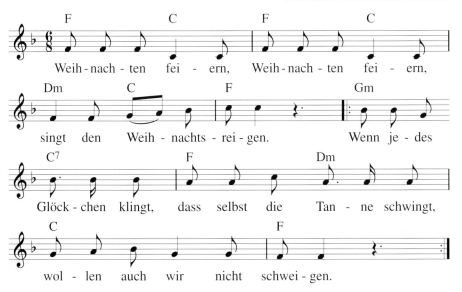

Weih-nach-ten fei-ern, Weih-nach-ten fei-ern, singt den Weih-nachts-rei-gen. Wenn je-des Glöck-chen klingt, dass selbst die Tan-ne schwingt, wol-len auch wir nicht schwei-gen.

Das schwedische Weihnachtstanzlied, das im Laufe der Geschichte Ton für Ton entsteht, lädt auch nach der Geschichte immer wieder zum gemeinsamen Singen und Schwingen ein.

Ältere Kinder können sich die Töne dafür auf dem Glockenspiel zusammensuchen. Wer erfindet dazu passende Bewegungsformen im Kreis oder frei im Raum?

## Wichtel als Tannenbaumschmuck

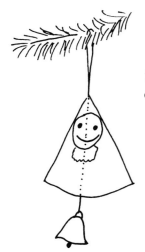

Aus farbigem Tonkarton, beklebt mit Gesichtern und Wattebart, lassen sich »im Handumdrehn« kleine tütenförmige Wichtel formen. An einem Band, das durch die obere Spitze geführt und dort durch einen Knoten und etwas Klebe gehalten wird, hängt am unteren Ende ein Glöckchen (preiswert in Geschäften für Bastelbedarf erhältlich).

Die »Glocken-Wichtel« können Heilig Abend den Weihnachtsbaum schmücken und an die Geschichte erinnern.

## Gestrickte Fingerpuppen

Mit einem Wollrest in beliebiger Farbe ca. 15 Maschen aufschlagen (Nadelstärke 3–4) und zunächst ca. 1 cm hoch kraus rechts stricken. Dann weitere 3 cm die Hinreihen in rechten Maschen, die Rückreihen in linken Maschen stricken, so dass nach außen ein glattes Maschenbild entsteht. Danach für etwa 2 cm die Farbe wechseln (Pastellton in Rosa, Orange, Beige o. Ä. für das Gesicht) und das Stück mit weiteren 2 cm in einer »Hutfarbe« abschließen.

Seitenkanten hinten zusammennähen, so dass ein kleiner Schlauch entsteht und obere Abschlusskante mit einem Faden fest zusammenziehen. Die Gesichtsfläche wird mit Augen, Nase und Mund bestickt und evtl. mit Bart und Haarkranz aus Wolle vervollständigt.

Bei der Gestaltung der einzelnen Wichtel können die Kinder helfend oder beratend mitwirken.

Ob Tomte Christaklein wohl Zöpfe hat? Welche Haarfarbe wird Tomte Anderssein bekommen? u. s. w.

Die sechs so entstehenden Fingerfiguren sollten sich in ihrem Aussehen sehr deutlich voneinander unterscheiden.

# Auf die Bühne gebracht: Fingerpuppen-Tischtheater

**Spielform**: Fingerpuppen-Tischtheater

**Anzahl der Mitwirkenden:**
- ★ Erzähler/-in und Glockenspieler/-in (1–2 Erwachsene oder ältere Kinder)
- ★ mind. 3 Kinder für das Spiel mit Fingerpuppen

**Raum und Requisiten:**
- ★ großer Tisch mit Kulissenstreifen aus Karton an der vorderen Kante in verdunkeltem Raum (falls vorhanden auch Kasperl-Theater)
- ★ Kerzen und Strahler als Spielflächenbeleuchtung
- ★ aus Wollresten gestrickte Fingerpuppen (Anleitung s.o.)
- ★ Glockenspiel, bzw. Metall-Klangstäbe mit den Tönen F, C (tief), C (hoch), G, A, B, sowie einige einfache Bastelglöckchen, verschiedene Schlegel

An der vorderen Kante eines Spieltisches wird die aus schwarzem Karton geschnittene Kulisse befestigt (ca. 70 cm Breite und 20 cm Baumhöhe). Die ausgeschnittenen Häuserfenster sind mit Transparentpapier hinterklebt und lassen das Licht von Kerzen durchscheinen.

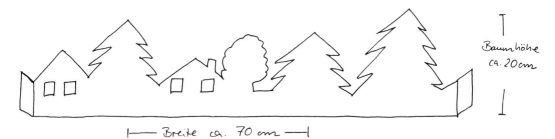

Hinter dem Kulissenstreifen, für das Publikum nicht sichtbar, steht ein Glockenspiel oder sechs einzelne Metall-Klangstäbe in den Tönen des Liedes (z. B. aus dem Orff-Schulwerk-Instrumentarium). Am Tisch sitzen ein Erzähler und ein »Glockenspieler« (bzw. eine Person, die beide Aufgaben übernimmt). Von hier aus werden die Töne so, wie die Geschichte es vorgibt, nach und nach zum Klingen gebracht.

Auf der Erde vor dem Tisch hocken die Kinder mit jeweils einer Fingerpuppe auf dem Zeigefinger. Bei einer Beteiligung von drei Kindern wird beidhändig gespielt. Eine Beteiligung von sechs Kindern ist möglich, könnte aber zu Platzproblemen führen, da der Spielraum hinter dem Tisch begrenzt ist. Die »Finger-Wichtel« haben nun, dem gelesenen Text entsprechend, vor dem Kulissenstreifen ihren Auftritt als Tomte Federlein oder Tomte Ganzallein, Tomte Christagroß oder Tomte Christaklein, Tomte Breidabei oder Tomte Anderssein. Kerzenlicht und Strahler lenken die Aufmerksamkeit auf das Spiel dieser Figuren. Erzähler und Glockenspieler bleiben, lediglich mit etwas Leselicht hinter der Kulisse versorgt, im abgedunkelten Hintergrund. Steht eine Kasperl-Bühne zur Verfügung, kann anstelle des Tisches auch der darin zu öffnende Spielausschnitt mit der Kulisse versehen und entsprechend genutzt werden.

## Ein Spatz wundert sich

"Merkwürdig. Sonst ist sie doch nach Einbruch der Dunkelheit längst hier«, dachte Herr Spatz besorgt. Schon zum vierten Mal war er in dieser Nacht auf die oberste Spitze des Baumes geflogen, um Ausschau zu halten nach der jungen Spatzenfrau, die seit einigen Tagen neben ihm im Kastanienbaum wohnte. Ein nasskalter Wind wehte ihm um den Schnabel. Kein Wetter für lange Spatzenausflüge!
*(Motiv 1 der Bastellaterne, S. 82f)*
Dann endlich kam sie. Und wie sie kam! Mit aufgeregtem Zwitschern landete sie im Sturzflug direkt neben ihm auf dem Ast. »Stell dir vor, was ich gesehen habe!«, fing sie gleich aufgeregt an zu erzählen: »In der Stadt sind Sterne vom Himmel gefallen! Einige hängen in den Tannenbäumen, andere haben sich auf den Fensterbrettern aufgereiht oder tanzen in langen Ketten über den Straßen. Wie verwandelt sehen die Menschen und Häuser in ihrem Licht aus!«
Herr Spatz schaute prüfend zum Himmel. Auch dort waren zwischen den Wolken einige Sterne zu sehen. Ob allerdings welche fehlten, konnte er beim besten Willen nicht erkennen.
»Hmmm«. Mehr fiel ihm zu dieser wundersamen Geschichte erstmal nicht ein. Und nach einigen Minuten des Nachdenkens: »Wenn es denn so ist, dann lass uns doch morgen gemeinsam dorthin fliegen. Sterne hier bei uns auf der Erde – das hat wohl noch kein Vogel des Waldes gesehen.«

Es dauerte nicht lange, da hatte sich die Nachricht rund um den Kastanienbaum verbreitet. Die Amseln und die Meisen, die Finken und die dicken Krähen, ja selbst die Kaninchen am Fuße des Stammes vergaßen ihre Winterruhe und machten sich mit den ersten Sonnenstrahlen auf den Weg in die Stadt.
*(Motiv 2)*

Es ging auf Mittag zu, als sie ihr Ziel erreichten. Auf den Straßen brummte der Verkehr, die Menschen hasteten bepackt aneinander vorbei – doch weit und breit kein leuchtender Stern! »Da hast du wohl ein bisschen geträumt«, krächzte die Krähe zur Spatzenfrau hinüber, die sich verzweifelt umschaute und immer wieder beteuerte: »Ich habe die Sterne hier gestern abend doch wirklich gesehen!« *(Motiv 3)*

Aber darauf hörte jetzt niemand mehr. Einige hatten sich bereits enttäuscht wieder auf den Heimweg gemacht, andere tuschelten, kicherten oder schimpften über die kleine Spatzenfrau mit der großen Klappe.

Die hockte schließlich ganz allein in einem kahlen Gartenstrauch und wollte nur noch schlafen – schlafen und ihre Augen möglichst gar nicht mehr öffnen, mit denen sie sich offenbar so getäuscht hatte.

Es war schon dunkel, als sie vom Abendläuten des Kirchturms erwachte. *(Motiv 4)*

Vorsichtig blinzelte sie durch die Zweige. »Nein – nicht schon wieder dieser Traum«, schoss es ihr durch den Kopf, als ihr erster Blick wieder auf die leuchtenden Sterne fiel, die ihr aus den Bäumen und Fenstern entgegenstrahlten.

»Kein Traum«, flüsterte ihr da jemand zärtlich ins Ohr, als hätte er ihre Gedanken gehört. Da erst merkte sie, dass sie nicht ganz alleine war.

Herr Spatz, der nette Nachbar aus der Kastanie hatte wärmend seinen Flügel über ihren Rücken gelegt und schaute nun mit ihr ins funkelnde Licht der Sterne um sie herum. »Ich bin nicht zurückgeflogen mit all den anderen«, erklärte er nach einer langen Zeit der Stille. »Ich habe dir einfach geglaubt – und ich habe gewartet.«

»Noch ein Wunder«, staunte die Spatzenfrau und schmiegte sich glücklich in sein weiches Federkleid. »Ein Weihnachtswunder«, ergänzte Herr Spatz leise.

*(Susanne Brandt-Köhn)*

## Über die Geschichte

Es gibt Licht, das erst in Zeiten der Dunkelheit wirklich sichtbar wird. In vielen weihnachtlichen Symbolen kommt diese Erfahrung zum Ausdruck.
Und noch andere Erfahrungen spielen dabei oft eine Rolle: das Warten und der Glaube, dass diese Zusage – trotz aller Zweifel – dennoch stimmt. Herr und Frau Spatz machen deutlich worauf es ankommt: Geduld, Vertrauen und Zärtlichkeit.

## Bausteine zur Vertiefung

## Tischlaterne aus Prägefolie

Dass manche Sterne erst in der Dunkelheit so richtig erstrahlen, lässt sich mit einer Tischlaterne aus Prägefolie (starke Metallfolie) gut beobachten. Dazu wird ein etwa 15 cm breiter und ca. 35 cm langer Folienstreifen über ein Brett gelegt, um mit Nägeln sternförmig kleine Löcher hineinzustanzen. Die Streifenenden werden anschließend zueinandergebogen und verbunden (z.B. mit starkem doppelseitigem Klebeband), so dass eine Tischlaterne in Form eines Rohres entsteht. Brennt in ihrem Innern eine Kerze, so bringt das Licht die aus kleinen Löchern zusammengesetzten Sterne zum Leuchten – aber nur, wenn es rundherum dunkel ist. In hellen Räumen bleiben die Sterne unauffällig.

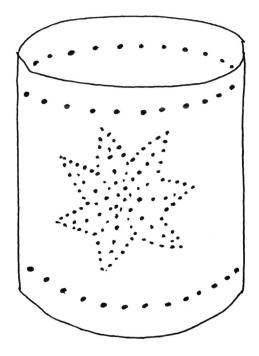

## Vögel als Tannenbaumanhänger

Die Vögel der Geschichte können auch den Weihnachtsbaum schmücken und so immer wieder an die liebevolle und geduldige Haltung von Herrn Spatz erinnern.

Sie werden nach der vorgegebenen Form aus Fotokarton geschnitten und etwa in der Mitte ihres Körpers mit einem kleinen Schlitz oder Loch versehen.

Dann zupft man aus ungesponnener Schafwolle »Flügel« zurecht, die durch diese Öffnung geschoben und zu beiden Seiten etwas aufgefächert werden. Mit einem Band versehen, fliegen die Spatzen dann bald durch die Zweige des Weihnachtsbaumes.

# Langsam wird es dunkel

*Text und Musik: Susanne Brandt-Köhn*

2. Ich bin nicht alleine.
   Du bist ja bei mir.
   Wenn wir uns ganz nahe sind,
   wärm ich mich an dir,
   lass auch dich nicht frieren
   beim Spazierengehen.
   ‖: Kuschelige Wärme ist einfach schön.:‖

3. Manchmal muss man warten
   bis etwas geschieht,
   bis man in der Dunkelheit
   helle Sterne sieht,
   bis die Tür sich öffnet,
   bis es endlich schneit.
   ‖: Komm wir gehn gemeinsam durch diese Zeit.:‖

Das Lied verbindet sich mit Stimmung und Inhalt der Geschichte, lässt sich aber auch ganz allgemein auf die Adventszeit beziehen.
Als Tanz um die »Erzähllaterne« bildet es den Abschluss des nachfolgend beschriebenen Spielvorschlages.

# Auf die Bühne gebracht: Figurenschattenspiel mit der »Erzähllaterne«

**Spielform:** Figurenschattenspiel mit der »Erzähllaterne«

**Anzahl der Mitwirkenden:**
★ 1 bis 2 Personen zum Erzählen Drehen und Spielen an der Laterne
★ mehrere Kinder für den abschließenden Kreistanz zum Lied

**Raum und Requisiten:** verdunkelbarer Raum; gebastelte »Erzähllaterne« mit Schattenfigur

Bei der sogenannten »Erzähllaterne« handelt es sich um eine große Tischlaterne mit vier durchscheinenden Bildseiten, die den Verlauf einer Geschichte beschreiben. Sie wird beim Erzählen so weitergedreht, dass das jeweils passende Motiv zum Publikum zeigt und durch eine im Innern brennende Kerze leuchtet (siehe entsprechende Nummernhinweise im Text der Geschichte). Gleichzeitig kann sich in diesem Lichtfeld, von oben an einem Band oder Stab, eine Schattenfigur bewegen. Zum Abschluss des Figurenschattenspiels tanzen die Kinder zum Lied »Langsam wird es dunkel«.

## Bauanleitung
1. Einen Bogen schwarzen Fotokarton, Größe DIN A2 (oder 2 Bögen à DIN A3) in vier gleichgroße Felder einteilen.
2. Die Mittelflächen der einzelnen Felder ausschneiden und mit Transparentpapier hinterkleben.
3. Die Motive zu den einzelnen Stationen der Geschichte aus schwarzem Karton ausschneiden und auf die Transparentflächen kleben (s. Vorlage); dazu einen kleinen Vogel (s. Kopiervorlage S. 80) als bewegliche Schattenfigur an einem Faden herstellen.

## Zur Gestaltung der einzelnen Felder
1. Baum mit Vogel bei Dunkelheit (Hintergrund: dunkelblaues Transparentpapier)
2. Tiere machen sich am Tag auf den Weg (Hintergrund: weißes Transparentpapier)

3. Kein Stern ist am Tag auf der Erde zu sehen. Vogel bleibt allein zurück (Hintergrund: weißes Transparentpapier)
4. In der Dunkelheit leuchten wieder die Sterne. Sterne in die Tanne schneiden und mit gelbem Transparentpapier hinterkleben; ebenso Stern ins Fenster des Hauses kleben. (Hintergrund: dunkelblaues Transparentpapier)

**Fertigstellung**
Die Kartonbögen werden an den eingezeichneten Linien gefaltet und mit zwei Kleberändern zu einer quadratischen Tischlaterne zusammengesetzt.

# Tanzbeschreibung zum Lied

**Takt 1–4:** mit ruhigen Schritten ohne Handfassung im Kreis um die Laterne herumgehen
**Takt 5–8:** am Platz stehenbleiben; die Hände über dem Kopf erst spitz wie ein »Tannenbaum« zusammenführen, dann zu den Nachbarn rechts und links öffnen und deren Hände bei noch immer erhobenen Armen fassen
**Takt 9–12:** Nähe und Wärme durch die Hände spüren; sich nach rechts und links wenden, die Nebenstehenden begrüßen und unter den erhobenen Händen wie durch ein Fenster aus dem Kreis herausschauen
**Takt 13–16:** gemeinsam vier Schritte auf die Kreismitte zu und wieder vier Schritte aus der Kreismitte heraus.

# *Weihnachten mit Franziskus*

Im Jahre 1223, wenige Tage vor dem Weihnachtsfest, rief Franziskus seinen Gefährten Johannes zu sich und sagte: »Wenn du willst, dass wir in der Nähe von Greccio miteinander Weihnachten feiern, dann geh und bereite alles mit Liebe vor. Denn ich möchte, dass die Erinnerung an jenes Kind aus Bethlehem ganz lebendig wird. Mit den Augen will ich sehen, welche Not es gelitten hat. Der Geruch des Stalles soll mir in die Nase steigen und mit den Fingern will ich das rauhe Holz der Krippe spüren können.«
Sogleich eilte Johannes los. Draußen im Wald war bald ein geeigneter Platz für das Fest gefunden. Er trug Holz und Stroh für die Krippe herbei, dachte auch an frisches Wasser aus dem nahegelegenen Bach, sorgte mit einem Feuer für etwas Licht und Wärme und vergaß selbst die Tiere nicht.
*(Lied „Die Krippe entsteht", S. 89)*
Jetzt fehlten nur noch die Menschen. Alle, die in der Gegend wohnten, waren eingeladen, sich zu diesem besonderen Fest auf den Weg zu machen. Sie sollten da draußen im Wald den Ort der Geburt mit eigenen Augen sehen können. So sprach sich die Nachricht schnell überall herum.
*(Lied „Auf dem Weg zur Krippe, S. 90)*
Von allen Seiten strömten sie herbei. Im Lichtschein des Feuers sahen sie die Krippe für das Kind. Sie nahmen den Stallgeruch wahr. Sie hörten den leisen Atem der Tiere und sie spürten die Nähe und Wärme der Menschen, die sich hier versammelt hatten. Sie staunten und schwiegen.
Da fing Franziskus an zu sprechen (singen):

> Ein kleines Kind, ein armer Stall
> – da wohnt das reiche Leben!
> Lichter erleuchten diese Nacht,
> weil Jesus Christ sie hell gemacht.
> Er will uns Hoffnung geben.
>
> Ein kleines Kind, ein armer Stall
> – da wohnt das reiche Leben!
> Herz, Hand und Augen nehmen war:
> hier ist uns Jesus Christus nah!
> Er will uns Liebe geben.

> Ein kleines Kind, ein armer Stall
> – da wohnt das reiche Leben!
> Menschen und Tiere, groß und klein,
> Jesus lädt alle zu sich ein.
> Er will uns Frieden geben.
> *(s. Lied S. 91)*

Ja, ganz lebendig konnten sie sich das Kind jetzt vorstellen – und ganz fröhlich wurden sie dabei! Aus lauter Freude riefen (sangen) sie einander zu *(siehe Refrain von Lied »Freudengesang der Menschen« S. 92 oder ein anderes bekanntes Weihnachtslied wie z.B. »Nun singet und seid froh«, »Fröhlich soll mein Herze springen«, »O du fröhliche« o.a.):*

> Sieh das Kind, noch arm und klein
> – es soll unsre Hoffnung sein!
>
> Hör, wie Schwester Lerche singt,
> wie die ganze Schöpfung klingt!
>
> Spür die Wärme, fühl das Stroh,
> so begreife und sei froh!
>
> Aus der Freude wächst ein Lied,
> viele Stimmen singen mit.

Sie sangen noch, als sie sich im Morgengrauen wieder auf den Heimweg machten. Und niemand ging, ohne etwas aus diesem wunderbaren Stall mit nach Hause zu nehmen:
einige Halme Stroh aus der Krippe,
ein brennendes Scheit aus dem Feuer,
das Gefühl der Nähe zu anderen Menschen,
die Worte des Franziskus im Ohr,
das Bild vom Kind vor Augen.
*(evtl. Schlussmusik, z.B. aus den Melodien der in dem Stück gesungenen Lieder)*

## Über die Geschichte

Franz von Assisi wurde 1182 als Sohn eines reichen Kaufmanns geboren. Als junger Mann wandte er sich jedoch von allem Besitz und bequemem Wohlstand ab, um in der Nachfolge Christi auf Wanderschaft zu gehen. Seine zärtliche und liebevolle Zuwendung galt von nun an den Armen und Schwachen wie allen Kreaturen und Elementen der Schöpfung. Bald schlossen sich ihm Gefährten an, aus denen sich in den folgenden Jahren Brüderschaften und später der Franziskanerorden bildeten. Viele Legenden erzählen von dem fröhlichen, friedlichen und naturverbundenen Wirken des Franziskus.

Die Aufzeichnungen des Thomas von Celano (1228) geben Auskunft über eine Krippenfeier, die in der Nacht zum 25. Dezember 1223 stattgefunden haben soll. Die Menschen versammelten sich zur Feier und vollzogen gemeinsam das Weihnachtsgeschehen nach. Von Ochs und Esel, von Holz, Licht und Wärme, nicht aber von einer Darstellung Marias, Josefs oder gar dem Kind ist in der Quelle die Rede. Lediglich von einer Vision wird berichtet: Angerührt von den Worten des Franziskus und der Geborgenheit des Ortes, erfüllt von den vertrauten Gerüchen und Geräuschen dort im Wald am Feuer bei den Tieren, sieht ein Mann plötzlich das Kind ganz lebendig vor sich in der Krippe liegen.

In dieser Geschichte spiegelt sich der sinnliche und ganzheitliche Charakter franziskanischer Frömmigkeit: Mit allen Sinnen lässt sich sehen, spüren und begreifen, was es bedeutet, wenn Gott Kind wird, das auf Stroh liegt. So scheint sich hier die Botschaft »Gott wird Mensch, nackt und empfindsam wie ein kleines Kind« vor allem über die Sinne zu erschließen: im Spüren von Gottes Zärtlichkeit und Zuwendung und im Erleben von guter Gemeinschaft aller Geschöpfe und Elemente der Natur.

## Baustein zur Vertiefung

# Tischkrippe aus Naturmaterialien

Bei einem Spaziergang in der Natur lassen sich auch im Winter Materialien für eine Krippenlandschaft sammeln: Äste, Baumrinden oder Steine zum Bau von Krippe und Stall, Blätter, Moos oder Stroh zum Auspolstern des Lagers.

Aus Pfeifenputzern, mit ungesponnener Schafwolle umwickelt, können Tiere dazu geformt werden. Als Wasserstelle dient eine Schale aus Ton. In einer flachen Holzkiste wird das Gesammelte dann zu einer Krippenlandschaft gestaltet.

Teelichter sorgen für Licht und Wärme. Über allem hängt ein Stern aus Stroh.

## Auf die Bühne gebracht: Krippenspiel – einmal anders

**Spielform:** Krippenspiel, nach Möglichkeit im Freien (Garten, Wald, Wiese) oder in einem Stall

### Anzahl der Mitwirkenden:
★ Spieler/-in für Johannes
★ beliebig große Menschenmenge
★ Erzähler/-in
★ evtl. kleiner Chor mit Instrumenten
★ Tiere, in ländlichen Gegenden nach Möglichkeit ein Ort, wo eine echte Kuh, ein Pferd oder Esel »mitspielen« können, (in der Stadt können an die Stelle der großen Tiere auch andere Haustiere wie Hund oder Kaninchen treten)

### Raum und Requisiten:
★ Holz, Stroh, Wasser und andere »Baumaterialien« aus der Natur

**Kostüme:** normale Alltagskleidung für die herbeiströmenden Menschen

Während die Geschichte durch einen Erzähler oder eine Erzählerin vorgetragen wird, kann das Geschehen in einem kleinen Spiel entsprechend dargestellt werden:

Johannes richtet im Freien einen Platz für die Krippe her, bringt Holz und Stroh, Wasser und Licht herbei; dann kommen die Menschen mit ihren Tieren, staunen, lauschen und singen …

Die Einbeziehung von lebendigen Tieren sollte dabei sehr behutsam vorgenommen werden. Zuvor sollte man mit den Kindern über den artgerechten Umgang mit Tieren sprechen.

Ziel dieser Darstellungsform ist nicht eine möglichst genaue Nachbildung der traditionellen Krippenszene mit Ochs, Esel und Kind, sondern die sinnliche Erfahrung eines guten Miteinanders aller Geschöpfe.

Das Stück lässt sich wahlweise als Sprech- oder Singspiel realisieren, indem die folgenden Lieder eingefügt werden bzw. die im Text aufgeführten Sprechverse ersetzen.

## Die Krippe entsteht

*Text und Musik: Susanne Brandt-Köhn*

1. Auf einem Hügel vor der Stadt, da soll es heut geschehen: Johannes trägt das Holz herbei, und gleich wird da, ihr könnt es sehn, die Krippe draus entstehen.

2. Ein bisschen Heu, ein bisschen Stroh
   – daraus formt er die Kissen.
   Der Rest ist Nahrung für das Vieh,
   denn von der Weihnacht sollen auch
   die Tiere etwas wissen.

3. So werden sie herbeigeführt,
   fast eine ganze Herde.
   Die Vögel kommen mit dem Wind,
   es sind Geschöpfe, groß und klein,
   der guten Mutter Erde.

4. Das Regenwasser stillt den Durst,
   ein Feuer spendet Wärme.
   Noch leuchtet Schwester Sonne hell,
   doch in der Nacht scheint Bruder Mond
   wie eine Stalllaterne.

**Zur musikalischen Gestaltung**

Die in den einzelnen Strophen angesprochenen Dinge können durch passende Geräusche von einfachen Klanginstrumenten begleitet werden.
1. Holz: Holzblocktrommel, hölzerne Klangstäbe, Xylophon etc.
2. herbeikommende Tiere: geklopfte Schrittgeräusche, Glöckchenrasseln, Geraschel etc.
3. Vögel und Wind: Flöten und Pfeifen, Windrauschen etc.
4. Regenwasser und Feuer: Rauschen mit dem »Rainmaker«, Triangel und andere helle Klänge als Licht

Zum Schluss lässt sich ein schöner Zusammenklang aus allen eingesetzten Geräuschen gestalten.

# Auf dem Weg zur Krippe

*Kanon mit Singvers im Wechsel; Text und Musik: Susanne Brandt-Köhn*

\* Schwester/Bruder im Wechsel der Kanoneinsätze

2. A. Komm, Schwester …
   B. Alle bleiben stehen bei der Krippe,
   sehen sich die Dinge staunend an.

3. A. Komm, Schwester …
   B. Da beginnt ein Jubeln und ein Singen.
      Festlich strahlen Sterne überm Stall.

**Zur musikalischen Gestaltung**
Teil A wird jeweils als 2–4stimmiger Kanon zwischen den einzelnen Strophen (B) angestimmt.

# Franziskus predigt

*Text und Musik: Susanne Brandt-Köhn*

2. Ein kleines Kind, ein armer Stall
   – da wohnt das reiche Leben!
   Herz, Hand und Augen nehmen war:
   hier ist uns Jesus Christus nah!
   Er will uns Liebe geben.

3. Ein kleines Kind, ein armer Stall
   – da wohnt das reiche Leben!
   Menschen und Tiere, groß und klein,
   Jesus lädt alle zu sich ein.
   Er will uns Frieden geben.

# Freudengesang der Menschen

*Text und Musik: Susanne Brandt-Köhn*

Sieh das Kind, noch arm und klein. Es soll unsre Hoffnung sein. *Alle:* Mund und Hände, Augen, Ohren öffnen sich in dieser Nacht. *Refr.:* Jesus ist als Mensch geboren – Leben, das lebendig macht.

2. Hör, wie Schwester Lerche singt,
   wie die ganze Schöpfung klingt!
*Refrain:* Mund und Hände, Augen, Ohren …

3. Spür die Wärme, fühl das Stroh,
   so begreife und sei froh!
*Refrain:* Mund und Hände, Augen, Ohren …

4. Aus der Freude wächst ein Lied,
   viele Stimmen singen mit.
*Refrain:* Mund und Hände, Augen, Ohren …

# Der Schnee

Vor langer Zeit war der Schnee ganz ohne Farbe und wollte doch so gerne eine haben. Da überlegte er, wer ihm wohl von seiner Farbe etwas abgeben könnte.

Zuerst bat er das Gras um etwas Grün. Das Gras aber lachte ihn höhnisch aus und sagte, er solle mal weitergehen. So kam er zum Veilchen und fragte nach etwas Blau. Das Veilchen aber lachte ebenfalls und schickte ihn fort. Als nächste bat er die Rose um ein wenig rote Farbe. Die Rose aber wollte auch nicht. Jede Blume, die er fragte, schüttelte stolz den Kopf und wandte sich ab von ihm. Zuletzt kam er zum Schneeglöckchen. Das mochte anfangs auch nichts von seiner Farbe abgeben. Wie traurig wurde da der Schnee! Er jammerte: »Dann geht mir das ja geradeso wie dem Wind. Der hat auch keine Farbe und brüllt und bläst bloß. Den kann auch niemand sehen.« Da hatte das Schneeglöckchen Mitleid mit dem Schnee und gab ihm etwas von seiner reinen Farbe ab. So ist der Schnee weiß geworden.

Seitdem lässt der Schnee all die anderen Blumen bitter frieren. Bloß das Schneeglöckchen, das friert nie. Das lässt sich sanft berühren vom Schnee und schaut ab und zu ganz munter unter der weichen Wattedecke hervor.

*(nach einem Volksmärchen)*

## Über die Geschichte

Um die Bereitschaft, von sich etwas abzugeben und um Vertrauen, das dabei wachsen kann, geht es in diesem kleinen Farbenmärchen. Zu den Blumen, die dem Schnee nichts von ihrer Farbe schenken mochten, bleibt das Verhältnis »frostig«. Angstfreie Nähe entwickelt sich dagegen zwischen Schnee und Schneeglöckchen. Damit sei nicht gesagt, dass allein zum Gleichartigen und Verwandten eine vertrauensvolle Beziehung aufgebaut, dem Fremden jedoch nur Feindseligkeit entgegengebracht werden soll. Entscheidend auf dem Weg des Vertrautwerdens ist die Fähigkeit, einerseits die ganz persönlichen »Lebensfarben« des anderen zu sehen und Anteil an ihnen zu nehmen, andererseits jedoch auch die eigenen Farben mit ins Spiel zu bringen.

## Bausteine zur Vertiefung

# Stempelspiel mit Farben

Die eigene Farbe einbringen, die Nähe zu anderen Farben suchen, gemeinsam etwas Neues entstehen lassen – das sind in diesem Spiel die Gestaltungselemente für ein Fantasiebild, an dem 2 bis 4 Spieler und Spielerinnen mitwirken können.

**Material:**
- ★ Würfel
- ★ ein großes Blatt Papier
- ★ pro Spieler je ein Korken zum Stempeln und ein Näpfchen mit Wasserfarbe (rot, blau, grün, gelb)
- ★ Pinsel und flache Gefäße (alter Teller o. Ä.) zum Farbenmischen

**Spielverlauf:**
Die Spielerinnen und Spieler sitzen am Tisch um ein großes Blatt Papier herum. Jeder legt sich griffbereit einen Korken als Stempel, ein Näpfchen mit Wasserfarbe nach Wahl, sowie Pinsel und Gefäß zum Mischen von Farbe zurecht.

In einer ersten Runde würfelt jeder für sich eine persönliche Kennzahl, die er das ganze Spiel über behält und für alle sichtbar auf einen Zettel schreibt.

Dann kann die gemeinsame Bildgestaltung beginnen. Reihum wird gewürfelt, und jeder setzt mit dem Korkenstempel in seiner gewählten Farbe so viele Farbpunkte aufs Blatt, wie die Augen des Würfels anzeigen. Dabei gelten folgende Regeln:

★ Entspricht die gewürfelte Zahl der anfangs ermittelteten Kennzahl eines Mitspielers, so sollen die nun zu stempelnden Punkte an mindestens einer Stelle die Farbpunkte, die dieser bereits aufs Blatt gedruckt hat, berühren.

★ Wer seine eigene Kennzahl würfelt, darf sich von einem Mitspieler nach Wahl etwas Farbe abnehmen, diese mit einem kleinen Teil seiner eigenen Farbe zu einem neuen Farbton mischen und damit – der Augenzahl entsprechend – stempeln.

Ansonsten sind der Freiheit der Bildgestaltung keine Grenzen gesetzt. Die Abdrücke können als Reihe oder Form, aber auch als frei verteilte Einzeltupfer aufs Papier gebracht werden. Mit jeder Würfelrunde trägt jeder zur Veränderung des Gesamtbildes bei und sucht für sich immer wieder neue Ansatzpunkte, bis das Blatt voll ist oder die Gruppe das Bild für fertig erklärt.

## Transparentgestaltung in Weiß

Allein mit der Farbe Weiß, die in der Geschichte von besonderer Bedeutung ist, lässt sich ein zartes, aber keineswegs eintöniges Transparentbild gestalten, das am Fenster oder vor einer Kerze schön zur Geltung kommen kann.

Klebt man auf weißem Transparentpapier die aus dem gleichen Papier ausgeschnittenen weißen Blättchen zu einem Blütenkelch zusammen, so ergeben sich durch die Überlappungen des Papiers beim Durchscheinen von Licht unterschiedliche Weißtöne (besonders edel, aber auch etwas teurer ist die Verarbeitung von sogenanntem Architektenpapier).

Anstelle des skizzierten Blumenmotives können auch andere Bilder in der »Weiß-auf-weiß-Technik« entstehen, z. B. Engel, sternförmige Eiskristalle oder Schwäne.

# Farben-Quartettspiel

Zu dem Thema »Farbverwandtschaften in der Natur« lassen sich Karten für ein Quartettspiel gestalten. Dazu werden aus weißem Karton 32 Blätter in Spielkartengröße ausgeschnitten. Jeweils vier gemalte Motive zu einer Farbe ergeben ein Quartett. Der Text des Liedes enthält bereits einige Bildanregungen.

### Gestaltungsvorschlag

| | | |
|---|---|---|
| rot | = | Rose, Apfel, Abendsonne, Marienkäfer |
| grün | = | Tanne, Gräser, Rosenkohl, Frosch |
| blau | = | Veilchen, Sommerhimmel, Enzian, Pflaume |
| weiß | = | Möwe, Schneeglöckchen, Kaninchen, Zähne |
| gelb | = | Sonnenblume, Kanarienvogel, Banane, Kürbis |
| braun | = | Kastanie, Eichhörnchen, Kartoffel, Baumstamm |
| schwarz | = | Amsel, Pudel, Miesmuschel, Nachthimmel |
| grau | = | Maus, Taube, Regenwolke, Felsen |

Beim Zeichnen und Ausmalen dieser (oder anderer) Motive können Erwachsene und Kinder einander helfen. Die Suche nach geeigneten Vorlagen in illustrierten Büchern lässt sich gut mit einem gemeinsamen Besuch in einer Bibliothek verbinden.
Gespielt wird schließlich mit 3 bis 4 Spielerinnen und Spielern nach folgenden Regeln:

★ Die Karten werden gemischt und reihum ausgeteilt.
★ Jeder ordnet seine Karten und legt etwaige Quartette ab.
★ Dann beginnt der erste Spieler mit dem »Abfragen«; er fragt einen beliebigen Spieler nach einer Karte, mit der er ein weiteres Quartett vervollständigen könnte. Bekommt er diese, darf er weiterfragen, bis schließlich eine Frage nicht »bedient« werden kann. Nun ist der nächste Spieler an der Reihe.
★ Das Fragerecht wandert solange im Kreis herum, bis ein Spieler alle seine Quartette ergänzt und abgelegt hat und die restlichen Karten durch Abfragen der anderen Spieler losgeworden ist.

# Grün, grün, grün …

*Text von Susanne Brandt-Köhn nach einem alten Spiellied*

2. Blau, blau, blau ist eine schöne Farbe,
   blau, blau, blau – das Veilchen dort ist blau.
   Blau ist der Himmel, blau ist der Enzian,
   Blau wär eine Farbe auch für mich.

3. Rot, rot, rot ist eine schöne Farbe,
   rot, rot, rot – die Rose dort ist rot.
   Rot ist der Apfel, rot ist der Sonnenball.
   Rot wär eine Farbe auch für mich.

4. Weiß, weiß, weiß ist eine schöne Farbe,
   weiß, weiß, weiß – das Schneeglöckchen ist weiß.
   Weiß ist die Möwe, weiß ist der Kieselstein.
   Weiß ist eine Farbe auch für mich.

**Anregung**

Die Textstrophen können auch mit weiteren Ideen der Kinder variiert oder ergänzt werden. Was ist sonst noch grün, blau, rot oder weiß? Ebenso könnte man auch zu anderen Farben neue Strophen erfinden.

# Auf die Bühne gebracht: Farbenspiel mit Tüchern

**Spielform:** Farbenspiel mit Tüchern

**Anzahl der Mitwirkenden:**
★ mindestens 5 »Farbenkinder«
★ dazu evtl. weitere Kinder zum Singen
★ Erzähler/-in

**Raum und Requisiten:** Fläche mit ausreichendem Bewegungsraum für 5 Kinder

**Kostüme:** Kleidung, große Tücher oder Laken in den Farben Grün, Blau, Rot, Weiß; evtl. Krepppapier für Kopfschmuck; transparente Folie (z.B. aus Cellophan geschnitten) und graue Kleidung.

Mehrere Kinder verkörpern mit einer entsprechenden Kleidung und Tüchern die verschiedenen Farben: das »Gras« liegt unter grünen Tüchern flach am Boden, »Veilchen« und »Schneeglöckchen« sitzen und die »Rose« steht aufrecht im Bühnenraum, mit Tüchern und Kopfschmuck blumenartig verkleidet.
Der (noch) farblose Schnee wandert wie in einem Garten umher, während die Geschichte erzählt wird. Seine Kleidung ist grau und an den ausgebreiteten Armen hängen viele lange Streifen von durchsichtiger Folie. Dort, wo er sich fragend den einzelnen Farben zuwendet, kann jeweils die entsprechende Strophe des Liedes (s.o.) gesungen werden.
Die Begegnung mit dem Schneeglöckchen führt dazu, dass dieses dem Schnee ein großes weißes Tuch über die Schultern legt. Während der Schnee nun in seiner neuen Farbe nochmals durch den Garten streift, erzittern die anderen Pflanzen bei jeder Berührung. Das Schneeglöckchen aber fühlt sich wohl, sobald der weiße Schneemantel es umfängt.

## *Übrigens ...*

... Geschichten hören und spielen macht Kindern nicht nur zu Weihnachten Spaß. Wenn Ihren Kindern die Geschichten und Spielvorschläge von Susanne Brandt-Köhn gefallen haben, können Sie sich schon auf eine Fortsetzung freuen:

**Die Frühlingsbühne**
Kinder spielen neue Geschichten
zu Frühling und Ostern

Auch dazu gibt es wieder eine CD mit allen Liedern aus dem Buch:

**Die Frühlingbühne**
Neue Lieder zur Frühlings-
und Osterzeit